D1691128

BURMA

Abseits ausgetretener Pfade
Off the Beaten Track

ISBN 3-7059-0236-9, 1. Auflage 2007
© Copyright by Herbert Weishaupt Verlag, A-8342 Gnas, Tel.: +43(0)3151/8487, Fax: +43(0)3151/84874.
E-Mail: verlag@weishaupt.at, Internet: www.weishaupt.at
Gestaltung, Layout, Satz: 84GHz, München, mail@84GHz.de, www.84GHz.de
Die in diesem Buch enthaltenen Angaben wurden von den Autoren nach bestem Wissen erstellt.
Eine Haftung für ihre Richtigkeit kann jedoch nicht übernommen werden.
Sämtliche Rechte der Verbreitung – in jeglicher Form und Technik – sind vorbehalten.
Druck und Bindung: Druckerei Theiss GmbH, A-9431 St. Stefan, Printed in Austria.

BURMA

Abseits ausgetretener Pfade
Off the Beaten Track

Fotografie / *Photography*: Ingrid Horstmann
Text / *Text*: Manfred Schramm
Übersetzung / *Translation*: Robert Tilley
Verlag / *Publisher*: Weishaupt Verlag

Danksagung
Acknowledgement

Vielen habe ich zu danken für die Unterstützung und Begleitung meiner Arbeit. Bei aller Gefahr, dies könne abgenutzt klingen, stehen wie bei meinem ersten Buch über dieses Land auch bei dieser Publikation die Menschen Burmas und ihr von Scheu und Neugierde gleichermaßen geprägtes Entgegenkommen an erster Stelle. Gilt es überhaupt, einige Menschen und Institutionen an dieser Stelle besonders hervorzuheben, so sind dies:

Volker Binder, Bangkok; Golden Cottage, Inle Lake, Myanmar; Axel Kiepe, Bangkok; Khun Absorn Mimaphunt, Bangkok; Susie und Thida, Mya Thiri Travel, Yangon, Myanmar; Dr. Nyein Nyein, Yangon, Myanmar; U Aye Kyaw, Rubyland Tourism, Yangon, Myanmar; Johannes Schaaf, München.

Für die mir inzwischen selbstverständlich und unverzichtbar gewordene und mir ans Herz gewachsene Wegbegleitung meiner Arbeit danke ich, was anregende Worte angeht, Wolfgang Willaschek und, was ständige, unermüdliche technische und organisatorische Hilfe betrifft, Dietmar Beyer.

Bei diesem Buch standen mir als Autor Manfred Schramm und der Übersetzer Robert Tilley mit großer Unterstützung zur Seite. Sie haben besondere Einfühlung bewiesen, meinen Bildwelten eine ideale verbale Spiegelung zu verleihen, durch die all meine Erlebnisse in einen wunderbaren Rahmen gefügt wurden.

Nicht zuletzt hätte dieses Buch nie seine unverwechselbare Gestalt und eine unverwechselbare Note erhalten, hätten sich Michael Wladarsch, Dana Lürken, 84 GHz, München, und der Weishaupt Verlag, Gnas, nicht so vorbehaltlos und mit großem persönlichem Nachdruck für seine Gestaltung eingesetzt.

Dafür bin ich außerordentlich dankbar.

I have many people to thank for their support and for accompanying me in my work. At the risk of sounding trite, I still must mention in first place, as I did in my first book about Burma, the Burmese people themselves, and pay tribute to their warmth and kindness, marked both by shyness and curiosity.

Among the people and institutions I must name at this point are: Volker Binder, Bangkok; Golden Cottage, Inle Lake, Myanmar; Axel Kiepe, Bangkok; Khun Absorn Mimaphunt, Bangkok; Susie and Thida, Mya Thiri Travel, Yangon, Myanmar; Dr. Nyein Nyein, Yangon, Myanmar; U Aye Kyaw, Rubyland Tourism, Yangon, Myanmar; Johannes Schaaf, Munich.

For the by now assured, indispensable and heartwarming accompaniment through my work, my thanks go, where inspiring words are concerned, to Wolfgang Willaschek, and to Dietmar Beyer, for his constant, tireless technical and organizational assistance.

In the production of this book, author Manfred Schramm and translator Robert Tilley gave me great support. They showed special empathy in lending to my world of pictures an ideal verbal reflection, providing a wonderful framework for all my experiences in Myanmar.

And last but by no means least, this book could never have taken on its unique form and its unmistakable note, had not Michael Wladarsch, Dana Lürken, 84 GHz, Munich and the Weishaupt Verlag, Gnas, engaged themselves in its production so unreservedly and with such personal energy.

For that, I am extremely grateful.

Inhalt
Contents

›› Seite / *Page* 6
Vorwort / *Foreword*

›› Seite / *Page* 13
Einleitung / *Introduction*

Erstes Kapitel / *Chapter One* ›› Seite / *Page* 19 – 45

Zu den Jadesteinminen des Kachin-Staates
The gemstone mines of Kachin State
Myitkyina, Hpakant, Nankyiar, Myit-Son

Zweites Kapitel / *Chapter Two* ›› Seite / *Page* 49 – 73

Im Nagaland an der indischen Grenze des Sagaing-Staates
In Nagaland, at the Indian border of Sagaing State
Mandalay, Khamti, Tamanthi, Layshi

Drittes Kapitel / *Chapter Three* ›› Seite / *Page* 77 – 92

In den westlichen Bergen des Chin-Staates
In the western mountains of Chin State
Mandalay, Bagan, Mindat, Kampalet (Kanptelet)

Viertes Kapitel / *Chapter Four* ›› Seite / *Page* 97 – 109

Im östlichen Bergland des Shan-Staates
In the eastern mountains of Shan State
Kengtung (Kyaintong)

Fünftes Kapitel / *Chapter Five* ›› Seite / *Page* 113 – 143

Auf dem Shan-Plateau im Westen des Shan-Staates
On the Shan Plateau in western Shan State
Taunggyi, rund um den Inle-See, Sanka, Indein

Sechstes Kapitel / *Chapter Six* ›› Seite/ *Page* 147 – 175

Im tropischen Süden des Mon- und Tanintharyi-Staates
In the tropical south: Mon and Tanintharyi State
Moulmein, Dawei, Myeik, Kawthoung

Vorwort *Foreword*

Geht es um Reiselust, sind es seit jeher am ehesten die unausgetretenen und abseits der gängigen Routen und Erfahrungen liegenden Pfade, die Menschen faszinieren. Aber die weißen Flecken auf der Weltkarte – die Bastionen wahrhaftiger „terra incognita" – werden immer weniger. Wo gibt es ein Stück Erde, das wir, die ewig Urlaubs- und Abenteuersüchtigen aus den Zivilisationsgesellschaften, uns noch nicht untertan gemacht haben, seit unsere Fotoapparate zusehends die Waffen der Eroberer ersetzen?

Ingrid Horstmann ist eine intime Kennerin Burmas mit seinen Pagoden, Naturschätzen, Berg- und Flusslandschaften. Wählt sie nun für dieses Buch anstelle der ihr seit vielen Jahren bekannten und vertrauten Wege die unausgetretenen Pfade, tut sie es behutsam, vorsichtig, fast zärtlich. Sie weiß um die Gefahr, die in diesem bis heute als verborgen geltenden Land herrscht, nämlich in Worten zu laut und marktschreierisch und in Bildern zu grell, zu bunt, zu exotisch das schrittweise zu Erobernde als Sensation anzupreisen. Stattdessen sucht sie im Beschreiben ihrer Reisewege das leise und genaue Wort und beim archäologischen Aufspüren ihrer Bildobjekte den zweiten, den magischen Blick, der das vermeintlich Vertraute plötzlich in ursprüngliches, ungeahntes Licht taucht. „Ein Land ohne Zeit" nennt die kundige Asien-Reisende gerne und nicht zufällig ihre zweite Heimat Burma. Denn wer ihr und ihren Bildern folgt, muss bereit sein, vertraute Gesetze von Zeit und Raum zu verlassen.

Wer Ingrid Horstmann kennen lernt, spürt augenblicklich das Koboldartige und Verschmitzte ihres erkundungssüchtigen Wesens, dem spontane Neugierde und wache Aufmerksamkeit längst zur zweiten Natur geworden sind. Es dauert beim Betrachten ihrer Spurensuche von Land und Leuten nie lange, bis man begreift, dass hier ein forschendes

When it comes to the enjoyment of travelling, it's the untrodden and out-of-the-way routes that mostly fascinate people. But the seldom-visited areas on the world atlas, the bastions of true 'terra incognita', are getting less and less. Where is there still to be found a piece of land that we, the eternal holidaymakers and adventure-seekers, haven't yet claimed, now that our cameras have replaced the weapons of the conqueror?

Ingrid Horstmann is intimately acquainted with Burma, with its pagodas, natural resources, mountain and river landscapes. If she now chooses for this book the lesstravelled paths in place of those routes that she got to know and trust over many years, she does it prudently, carefully, almost tenderly. She knows the risks to be found in this reputedly closed country – of writing too shrill, of representing it in pictures that are too showy, too colourful and exotic, bordering on the sensational. She chooses instead, in the account of her journeys, the quiet, precise word and, in the archaeological search for her photographic motifs, the second, magical perception, which suddenly puts what might be the familiar into its original, unsuspected light. "A land without time," is how the knowledgeable Asia traveller likes to call (and not by chance) her second home, Burma. And whoever follows her and her pictures has to be prepared to leave behind the familiar laws of time and space.

Whoever gets to know Ingrid Horstmann feels in an instant the impish nature of her inquiring character, the spontaneous curiosity and lively attention that have long become second nature to her. When regarding her search for the traces of a country and its people, it doesn't take long for one to recognize that an investigative and true eye is behind the camera. In order to obtain extraordinary portraits, she shuns no expense, no difficulties. By plane, jeep, bus or boat, she

und unbestechliches Auge hinter der Kamera lauert. Um außergewöhnliche Menschen-Bilder zu ergattern, scheut sie keinen Aufwand, keine Mühe. Mit dem Flugzeug, dem Jeep, einem Bus oder dem Boot kurvt sie abenteuerlustig durchs oft genug schwer zu durchkämmende Land, überwindet mit schier nicht umzubringendem Optimismus bürokratische Hindernisse. Sie überredet missmutige Wärter und Wächter und gelangt allen düsteren Prognosen zum Trotz immer wieder an das Ziel ihrer Wünsche. Sie würde sich jederzeit ohne Bedenken einem Marco Polo, Vasco da Gama oder Alexander von Humboldt an die Fersen heften. Sie ist nie um einen Einfall zur Überwindung unerwarteter Probleme verlegen.

Nichts wäre ihr bei der Spurensuche mit der Kamera verhasster als falsch verstandener Pioniergeist oder pure Sensationslust. Annäherung mit der Kamera bedeutet für sie, bei der Entdeckung des Objektes ihres Interesses und ihrer Neugierde dessen Unverfälschtheit zu bewahren. Sie bringt Menschen und Dinge dem Betrachter nahe. Zugleich schafft sie, einer Malerin nicht unähnlich, durch raffinierte Komposition in Farbe, Form und Licht jene Distanz, die nötig ist, um dem abgelichteten Gegenstand die Würde der Autonomie nicht zu rauben. Wer ihrem Weg abseits ausgetretener Pfade folgt, muss es verstehen, auf leisen Sohlen zu gehen. Was sie in Bildern erobert und sich, wie in diesem Buch, mit Hilfe einer im Hintergrund bleibenden formulierend schreibenden Hand, die des Autors Manfred Schramm, als eigene Erinnerung an die Fährtensuche ins Gedächtnis ruft, meint niemals den betrachteten Gegenstand oder den ihr entgegen blickenden Menschen allein. Sie versucht immer, den Betrachter ihrer Bilder in die aufregende Entdeckung des ihm noch Unbekannten einzubeziehen, ihn zu einem Teil ihrer Erkundung zu machen, als stünde dieser im Augenblick, da eine

adventurously covers this often impenetrable land, overcoming bureaucratic obstacles with indefatigable optimism. She convinces suspicious guards and curators and despite all glum forecasts arrives always at where she wants to be. She would have followed without thinking the footsteps of a Marco Polo, Vasco da Gama or Alexander von Humboldt. She is never at a loss when it comes to solving an unexpected problem. Nothing for her is more to be condemned in any work with the camera than falsely understood pioneer spirit or the pure enjoyment of sensation. To approach a subject with the camera means for her to maintain the genuine character of her interest and curiosity. She brings people, objects and scenes close to the observer. At the same time, not unlike a painter at work, she manages to achieve, through sophisticated use of colour, form and light, the necessary distance not to rob her subject of the dignity of autonomy.

Whoever follows her off the beaten track has to understand how to tread softly. What she has captured here in pictures and with the help of Manfred Schramm's writing hand in the background, which recalls the memory of her travels, isn't just of observed objects and the people who observe her. She always tries to involve those who observe her photographs in the exciting discovery of the unknown, to make them part of her exploration, as if they stood at her back as she took her pictures. In an area stretching from north to south, she brings those who view her pictures into territories that are still practically unknown. Jade, the gem of inner peace, glistens secretively in Kachin State, in the far north of the country. She succeeds, like few others before her, in having the treasure chest of the jade cutters opened for her and then persuading the strict custodian to bathe the stones with water in order to give them their full lustre. The desire for gems was and remains robbery from nature, a satisfaction

Aufnahme gemacht wird, als heimlicher Beobachter in ihrem Rücken.

Auf einer großen, das Land durchschneidenden Längsachse von Nord nach Süd bringt sie den Betrachter ihrer Bildwelten zunächst in bis heute nahezu unentdecktes Gebiet. Geheimnisvoll schimmert im tiefen Norden des Landes, im Kachin-Staat, die Jade, der Edelstein des inneren Friedens. Was selten jemandem zuvor gelang, ihr glückte es, sich die Tresore der Jadeschleifereien öffnen zu lassen und dann den gestrengen Kontrolleur auch noch zu überreden, den Stein mit Wasser zu übergießen, damit er vollendet glänze. Die Gier nach Edelsteinen war und ist stets Raubbau an der Natur, Befriedigung des Menschen auf dem Weg nach El Dorado, ist aber auch Suche nach menschlicher Bestimmung, nach Lebenssinn, nach Geborgenheit in den Geheimnissen der Natur. So auch in den Rubinminen von Myitkyina und Nankyiar oder im Schlepptau der Goldsucher.

Weiter führt die Reise mit dem Boot auf dem Chindwin in langen Stunden über Khamti und Tamanthi nach Layshi zum Neujahrsfest der Kopfjäger im Nagaland, hin zu offenen, lebensfrohen Menschen, die mit Lendenschurzen und mit feierlichen Masken bekleidet ihre Beziehung zur Übersinnlichkeit der Natur feiern. Ein über Nacht gerösteter Ochse wird an alle am Fest Beteiligten verteilt. Da wird eine Aufnahme zur Geschichte. Aber diese Aufnahme hat Ingrid Horstmann gar nicht gemacht. Sie hat sie sich selbst und damit auch dem Betrachter absichtlich verweigert. Gäbe es einen besseren Beweis, ihre Einfühlungskraft in die Intimität des von ihr so bewunderten und verehrten Landes und seiner Menschen zu beweisen? Es gibt eben Dinge, die Geheimnis sind und es auch bleiben müssen.

Nur in der Trockenzeit können die westlichen Chin-Berge befahren werden, da ansonsten die

on the way to El Dorado, but it's also the search for human nature, for the meaning of life, for the feeling of security in the secrets of nature. And that's also the case in the ruby mines of Myitkyina and Namkar, and in the work of the gold panners.

The journey continues by boat for several hours on the Chindwin River, via Khamti und Tamanthi, to Layshi, to the New Year festival of the head hunters in Nagaland, to the open, life-loving people who celebrate their relationship to nature dressed in loincloths and festive masks. A roast ox is offered to all those present at the feast. And here one photo shot takes on a special importance. But Ingrid Horstmann didn't even take this shot. She refused to take it, for herself and her audience. Could there be better proof of her respect for the intimate feelings of this so admired country and its people? There are things that are secret and that must remain so.

It's only possible to drive in the western Chin Mountains in the dry season, because at other times the rivers rise as much as 10 metres. The women of this region still wear fascinating tattoos. They were originally worn as a form of protection if they happened to take the fancy of the king. The tattoos guarded them against the fate of ending up in his palace as a prisoner of his pleasure. If Burma is known as the land of pagodas, one discovers on just about every page of this book how much actually stands behind this name. Burma is seen here from a completely different perspective, from that of a history whose wounds will never fade.

In the eastern uplands, in Kyaingtung, Ingrid Horstmann takes up mountain exploration. Her paths lead to the most out of the way villages. She visits the Akha with their magnificent red robes, hung with glistening decoration. She also succeeds in seeking out the Enn, whose people are almost all toothless, a re-

Flüsse bis zu zehn Meter Höhe ansteigen. Bis auf den heutigen Tag tragen die Frauen in dieser Gegend faszinierende Tätowierungen. Einst waren sie als Schutz gedacht, wurden die Frauen vom König in den Palast beordert, um ihm gefügig zu sein. Vor üblem Schicksal bewahrte sie einzig die Tätowierung. Nennt man Burma das Land der Pagoden, entdeckt man in diesem Buch auf nahezu jeder Seite, wie viel mehr hinter diesem Etikett in Wahrheit steckt. Hier wird Burma vollkommen anders gesehen, auch aus dem Blickwinkel einer Geschichte, deren Wunden nie vernarben werden.

Im östlichen Bergland wird Ingrid Horstmann, einmal in Kyaingtung angekommen, zur Bergwanderin und Pfadfinderin. Von dort führen die Wege in die abgelegensten Dörfer. Sie besucht die Akhas mit ihren prächtigen roten, von schillernden Pailletten besetzten Gewändern. Es gelingt ihr, selbst dem Stamm der Enn nahe zu kommen, deren Mitglieder fast ausnahmslos zahnlos sind, eine Folge des zu häufigen Kauens von Betel. Schließlich müssen beim Ausspucken selbst die Zähne dran glauben. Um ihren Objekten die Scheu vor der alles verschlingenden Fotolinse zu nehmen, hat sich Ingrid Horstmann längst an eine zum Ritus gewordene Strategie gewöhnt. Zuerst werden die Kinder für sie und die Wunderwelt der Kamera eingenommen, durch die sie abenteuerlustig wie in eine neue Welt blicken. Dann wird ausführlich geredet. Sie weiß um die Bedeutung eines Wortes für das Bild, dem sie auf der Spur ist. Ist die obligatorische Teezeremonie mit den Bewohnern überstanden und hat selbst der Dorfälteste neugierig durch das Kamera-Tier geblickt, steht der Eroberung der nun alles andere als scheu dreinblickenden Menschen durch den richtigen Klick nichts mehr im Weg.

Die Gegend rund um den Inle-See mit seinen faszinierenden Kanälen ist längst zum Anziehungspunkt

sult of chewing too much betel. In order to overcome the shyness of her photo subjects, Ingrid Horstmann has adopted a ritual-like strategy. The children are at first won over and introduced to the wonderland of the camera, in which they adventurously see a new world. Then it's explained fully to them. She is aware of the meaning of each picture she wants to take. The obligatory tea ritual with the locals behind her, and once the village eldest has peered inquisitively into the camera, then nothing more stands in the way of winning over the now confident people to have their picture taken.

The region around Inle Lake, with its fascinating canals, has long been a big draw for many tourists, and is a face of Burma that is too flashy, colourful and commercial. One has to venture a little away from the lake, away from the well-trodden routes, to experience the yet undiscovered. In Taunggyi, colourful balloons in the shape of elephants, rhinos, oversized birds – truly magical creations – are sent into the sky. Then they are timed to see which ones stay longest in the air. In the evening, the people head for the lake, also for reasons of security. Now the fabulous creations become fiery balloons which have to be watched with care. If the glowing remains of a balloon fall in the lake or on land it's time to flee the scene. Many a house is said to have nearly fallen victim to this fire-eating dragon. Because festive occasions also help to concentrate the mind on the important things of life, Buddha statues are ferried through the canals of Inle Lake for days during the boat festival. In Sanka and Indein there can be found some that are sure to be new even to Burma connoisseurs. The longest but – for this journey of adventure – unavoidable route through Burma leads from the northern, western and eastern spheres to the south, to the incomparable beaches and natural paradises which until now have been

vieler Touristen geworden, zu schillernd farbenfroh und markttächtig ist diese Seite im Gesicht Burmas. Da muss man einige Schritte weg vom See „abseits ausgetretener Pfade" gehen, um noch Unbekanntes zu entdecken. In Taunggyi werden riesengroße Tiere – Elefanten, Nashörner, aber auch überdimensionale Küken – als farbenprächtige Ballons, richtige Zauberwesen, in die Luft gelassen. Dann wird akribisch gestoppt, welches Wunderwerk sich am längsten kühn in der Luft zu behaupten weiß. Wird es Abend, geht es, schon aus Sicherheitsgründen, wieder in Richtung See. Denn nun verwandeln sich die Fabelwesen in glühende Feuerballons. Vor ihnen ist durchaus Vorsicht geboten. Fallen die verkohlten Reste der Ballons in den See und oder aufs Land, gilt es rechtzeitig die Flucht zu ergreifen. Manchem Haus, wird erzählt, ist auf diese Weise der Feuer fressende Drache schon sehr nahe gekommen. Da Feste helfen, sich auf den Lebenskreislauf zu besinnen, werden durch die Kanäle des Inle-Sees beim Bootsfestival tagelang Buddhastatuen gefahren. In Sanka und Indein sind Statuen zu besichtigen, die auch dem erfahrenen Burma-Kenner neu sein dürften.

Der größte, aber für diese Abenteuerfahrt entlang der Längsachse Burmas unvermeidliche Sprung führt von den nördlichen, westlichen und östlichen Sphären in den Süden, hin zu unvergleichlichen Strand- und Naturparadiesen, die bislang schwer zugänglich gewesen sind. Lenkt man den Blick der Kamera von der Natur auf die Gesichter der Menschen, erhascht man immer noch etwas von jener Ursprünglichkeit, mit der in diesem Reich der ausgeworfenen Netze die Fischer ihrem Tagwerk nachgehen. Mag sein, dass in nicht allzu ferner Zukunft in Orten wie Moulmein, Dawei, Myeik oder Kawthoung unsterbliche Bade- und Taucherparadiese entstehen. Was ist zu raten? Wer wirft den ersten Stein? Schönheit und Ursprünglichkeit sind nicht

difficult to reach. When the camera lens is directed away from the scenery to the faces of the people, one still feels something of that nativeness with which the fishermen in this region go about their daily task of casting the nets.

It could be that in the not too distant future, in places like Moulmein, Dawei, Myeik or Kawthoung, eternal beach and diving paradises will be built. What should one say? Who's to cast the first stone? Beauty and original character can't be put into quarantine. Nature isn't suitable for becoming a museum. There has rather to be a careful approach from each side. Openness allows itself in Burma to be dictated to as little as, in the long term, opening to the outside world is to be avoided.

The untrodden paths are becoming ever wider and will be ever more trodden. It's illusory to want to stop this process. The words and pictures in this book don't try to explain or hide this, nor do they conceal the inevitable. The language of this book is testimony of a declaration of love to today's Burma, less directed at its pristine nature as to an extraordinary country, in which nature and people can still find a unity, even when the threats held by the future are tangible. Burma needs no tourism that concerns itself only with holidays that include a few boat trips and pagoda visits. Burma needs visitors who fall in love with this land as they strive for a deeper understanding of its fascinating contradictions. Ingrid Hostmann's book invites the reader to join her on out-of-the-way trails. In words and pictures, this book is an invitation to allow oneself to succumb to the seduction of Burma, a book that explains Myanmar to the newcomer as well as affording those who know and love the country unexpected insights which they have never experienced before. Whether novice or old-timer, both can "see" and "read" Burma in this book. Both will rapidly discover

unter Quarantäne zu stellen. Die Natur taugt nicht zum sterilen Museum. Eher geht es um behutsame Annäherung von beiden Seiten. Offenheit lässt sich in Burma ebenso wenig diktieren, wie sich auf längere Sicht hin Öffnung vermeiden lässt.

Lange Zeit unausgetretene Pfade werden immer breiter und weiter ausgetreten werden. Es verhindern zu wollen, wäre Illusion. Bilder und Worte in diesem Buch wollen weder verklären noch verschleiern, aber auch das Unaufhaltsame nicht verdrängen. Die Sprache dieses Buches ist als Bestandsaufnahme des heutigen Burma eine unumwundene Liebeserklärung, weniger an vermeintlich paradiesische Zustände, vielmehr an ein außergewöhnliches Land, in dem Natur und Mensch noch zu einer Einheit finden können, selbst wenn zuweilen die Bedrohungen der Zukunft spürbar werden.

Burma braucht keine Touristen, denen es nur um Erholungsurlaub mit Bootsfahrten und Pagodenbesuchen geht. Burma braucht Menschen, die sich in dieses Land verlieben, im Bemühen um ein tieferes Verständnis für seine faszinierenden Widersprüche. Das Buch von Ingrid Horstmann lädt dazu ein. In Wort und Bild ist dieses Buch ein Angebot zur Verführung, das den Neuling in Sachen Myanmar ebenso aufklärt, wie es dem Kenner und Liebhaber Burmas neue und unverhoffte Einblicke gewährt. Ob Novize oder Alteingesessener, beide können in diesem Buch Burma mit den Augen „sehen" und „lesen". Beide werden rasch entdecken, dass unausgetretene Pfade nicht allein verwunschene Pfade sind. Es sind Pfade, die mitten in die Natur und unmittelbar zu den Menschen führen. Dies geschieht in einem Land, ohne dessen Existenz diese eine Welt, die uns immer dringlicher zur Erhaltung auferlegt ist, wahrhaftig ärmer wäre.

Wolfgang Willaschek, Oktober 2005

that untrodden paths aren't trails to be avoided. They are paths that lead into the midst of nature and directly to its people. And this in a country without whose existence this world, whose preservation is ever more urgent for us, would truly be a poorer place.

Wolfgang Willaschek, October 2005

Nach oben streben, sich im Himmel auflösen – Zeichen für den Weg des Menschen.
Striving upwards, losing oneself in the heavens – a symbol for the path taken by mankind.

Einleitung Introduction

Myanmar! Endlich wieder in meiner Traumheimat! Denn diesmal wollte ich noch mehr unausgetretene Pfade erforschen. Lange hatten die Vorbereitungen gedauert, bis sich mir wieder der Weg hierher geöffnet hatte. Aber ich hätte es ja selbst wissen können, von meinen vorherigen Besuchen: Asien ist der Kontinent der Zeitverschiebung und Myanmar – nun, das ist ein Land ohne Zeit. Zumindest im Sinne, wie wir sie verstehen.

Jetzt bin ich endlich wieder einmal hier. Ich atme befreit auf, als alle Zollformalitäten geregelt sind, ich aus dem Gebäude herauskomme. Die Luft in Yangon ist nicht klar und rein, aber trotzdem: Der Wille, die Sehnsucht, haben sich erfüllt, wieder da zu sein. Schön zu sehen, mein Burma, mein Myanmar, wie die Menschen sich bewegen, wie sie in ihrer Nationaltracht herumlaufen, den Longys, die Männer und Frauen gleichermaßen tragen. Das alles genoss ich schon auf dem Weg in mein Hotel. Ein kleines, nichts Exklusives, aber nur zehn Minuten zu Fuß von der Shwedagon-Pagode entfernt, dem Mittelpunkt von Yangon. Ich habe wieder das Gefühl, nach Hause zu kommen, das Personal und der Manager begrüßen mich, so als sei ein Familienmitglied wieder heimgekommen. Ich will meinen Weg durch Myanmar finden, einen neuen, den ich noch nicht gegangen bin und den auch sicher nur wenige vor mir gehen durften. Denn der Weg ist steinig, aber der Mensch geht ihn, wenn auch oft nur aus Gewinnsucht. Ich spreche von der Suche nach Jade oder Rubin, vom Gold im Boden Burmas ganz zu schweigen. Diesmal habe ich mir eine andere Route ausgesucht. Nicht mehr die zwar immer noch „unentdeckten" Touristenpfade, denn davon gibt es mittlerweile eine ganze Menge,

Myanmar! Back in my dream land again. This time I wanted to explore less well-trodden paths. There had been extensive preparations before the road here reopened for me. But I should have known that from my previous visits. Asia is the continent where time can stand still. And Myanmar – well, that's a land that has no time. At least, in the sense that we understand.

Now I'm finally here. I breathe easier when all the immigration and customs formalities are over and I leave the airport terminal, inhaling the outside air. Admittedly, the air isn't clean or pure in Yangon, but nevertheless – the will, the yearning to be here again has triumphed. It's lovely to behold – my Burma, my Myanmar, how the people move, in their national dress, the longyis, worn by men and women alike. I enjoyed this sight on the way to my hotel: small, not exclusive, but only ten minutes walk from the Shwedagon Pagoda, the centre of Yangon. I feel as if I've come home; the manager and staff greet me as if I were a returning member of the family. I want to find my way through Burma, a new way that I haven't travelled before and that few have followed before me. The way is stony, yet some follow it, if only in search of riches. I write of the search for jade or rubies, not to speak of the gold in Burma's soil. This time I've sought out a different route. Not this time the still "undiscovered" tourist trail, because in the meantime there are many of those. No, something special, somewhere one has to battle to reach. Not a battle demanding physical strength, but one with red tape, regulations, officials. Or one to engage with personal charm, connections; in a word, diplomacy. But that demands time. And stamina! My Myanmar is not a country that one can cover and get to know in a week.

sondern etwas Spezielles, etwas, um das man kämpfen muss, um dahin zu kommen. Nicht kämpfen mit körperlichem Einsatz, sondern mit Akten, Gesetzen, Beamten. Oder seinen persönlichen Charme wirken, Hinweise auf Beziehungen, mit einem Wort, Diplomatie walten lassen muss. Doch das kostet Zeit! Und Beharrlichkeit! Mein Myanmar ist kein Land, das sich in einer Woche erschließt und erkennen lässt. Zeit, Geduld, Verständnis, offene Augen für die Schönheit des Landes und vor allem für die Bewohner: Das muss jeder mitbringen, der ein bisschen tiefer in die Geheimnisse von Burma eindringen möchte. Damit will ich nur sagen, Myanmar ist noch so ursprünglich, wie ich es noch in keinem anderen Land Asiens kennen gelernt habe. Es will erforscht, entdeckt, erkannt werden. Wie auch die Menschen: freundlich nach außen, freundlich im Herzen, einladend, entgegenkommend, das heißt aber nicht leichtgläubig – blauäugig, wie wir sagen. Sie sind geschäftstüchtig, wie alle Asiaten. Aber sie sind noch natürlicher und ehrlicher.

Das sind Gedanken, die ich auf dem Weg von Yangon nach Myitkyina hatte. Der Flug ging über endlosen Dschungel, der viele Abenteuer versprach. Myitkyina selbst ist eine Stadt, die sicher vielen nicht unbekannt ist. Aber wer nur die Pagoden sucht in Burma, der kann schönere Plätze finden. Für mich sollte diese Stadt der Ausgangspunkt für meine erste große Tour – eine Abenteuertour – sein. Das wollte ich. Ziel: die Jademinen von Hpakant! Wie so viele Abenteuer, schien meines vielleicht auch an den Hürden der Bürokratie zu scheitern. Einfach so da hin fahren, ja, als Tourist in einem Jeep mit Reisebegleitung – kein Problem. „Sie wollen weit in die Minen rein? Nein – keine Chance, dazu brauchen Sie eine Spezialgenehmigung!" Da saß ich nun fest. Die Zeit verging. Drei Tage, die mir wie drei Wochen vor-

Time, patience, understanding, eyes open to the beauty of the country and, above all, its people – all this is necessary if the visitor wants to penetrate a little more into the secrets of Burma. I just want to say that Myanmar is still untouched in a way I've found in no other country of Asia. It demands to be explored, discovered, known. The people, too. Outwardly friendly, inwardly friendly, hospitable, helpful, but that's not to say gullible – or blue-eyed naive, as we say. They are businesslike, like all Asians. But they are more natural and honourable.

These thoughts accompanied me from Yangon to Mytkyina. The flight passed over endless jungle, holding the promise of adventure. Myitkyina is a city not unbeknown to many.

But those seeking pagodas in Burma can find more attractive places. For me, the city was to be the starting point for my first big tour, a journey of adventure. That's what I intended. The destination: the jade mines of Hpakant! Like so many adventures, mine promised to stumble at the obstacles of bureaucracy. Simply to drive there as a tourist in a jeep with a tour guide would be no problem. "You want to go deep into the mine? No, no chance. You need a special permit for that." So I just sat there. Time went by. Three days, which seemed like three weeks, until a decision came. And it was a favourable one! I was permitted to visit the mines, observe the miners at their work, talk to them freely and take pictures. An interpreter had to be present at all times, of course. So now the adventure could begin. A serviceable jeep, a driver and a gem specialist, a university geologist, still had to be found. I had already made my contacts, of course. The geologist was an academic ace, but he had never in his life been inside a jade mine. But, you might understandably ask, why had he, a geologist, never been in a jade mine? I got to know him as a shy and even with-

kamen, bis ein Bescheid kam. Ein positiver! Ich war ermächtigt, mir die Minen anzusehen, die Arbeit und die Arbeiter zu beobachten, mit ihnen zu reden, frei, und zu fotografieren. Klar, es musste natürlich immer ein Dolmetscher dabei sein. Jetzt konnte es losgehen! Einen funktionsfähigen Jeep mit Fahrer anheuern und einen Spezialisten für Steine, einen Geologen von der Universität, das musste ich noch festmachen. Kontakte hatte ich natürlich schon geknüpft. Der Geologe war ein absolutes theoretisches As, aber noch nie in seinem Leben in den Jademinen gewesen. Aber – Sie fragen sich mit Recht – warum war er als Geologe noch nie in den Jademinen gewesen? Schüchtern, gehemmt, vielleicht zu höflich, so lernte ich ihn kennen. Zuerst wollte er gar nicht mit mir sprechen. Jedes Mal. Wenn ich darum bat, er solle sich zu mir setzen und mit mir die Fahrt durchgehen, ließ er sich entschuldigen. Also sagte ich zu Kyn Kyn, meiner Dolmetscherin, sie solle den Geologen höflich, aber bestimmt bitten, endlich zu mir zu kommen und unsere Reise zu besprechen. Sonst müsste ich ihn leider wieder nach Hause schicken. Das hatte Wirkung. Er kam vorsichtig und schüchtern an meinen Tisch, hörte mir zu und beantwortete meine Fragen. Er wollte auf keinen Fall diese Reise versäumen und sich nicht unnötig in den Vordergrund spielen. Schließlich versprach er mir volle Unterstützung. Seine Bescheidenheit und sein Englisch, das sich für praktische Dinge eignete und nicht zur differenzierten Kommunikation, waren wohl der Grund für seine anfängliche Unsicherheit und Zurückhaltung.

drawn man, perhaps too polite. At first he didn't want to talk to me at all. When I asked him to join me and plot the journey, he always made excuses not to. So I told Kyn Kyn, my interpreter, to request the geologist politely but firmly to sit with me finally and discuss our journey. Otherwise I'd have to send him home. That did the trick. He came cautiously and shyly to my table, listened to me and answered my questions. He didn't want to miss this trip at any cost and didn't want to draw attention to himself. Finally, he promised me his full support.

His modesty and his knowledge of English, which was sufficient for practical purposes but not for more general communication, were the reasons for his initial insecurity and shyness.

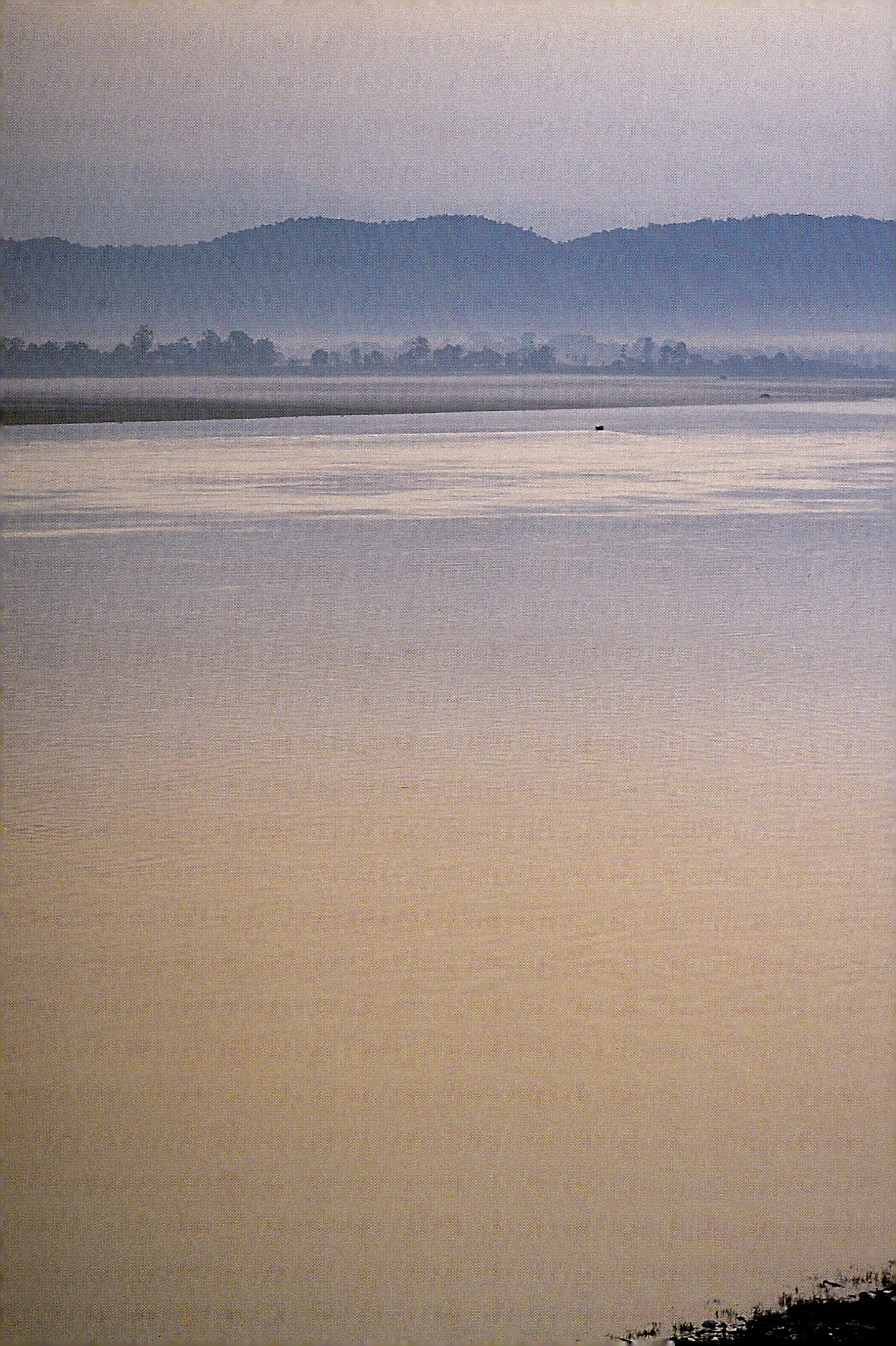

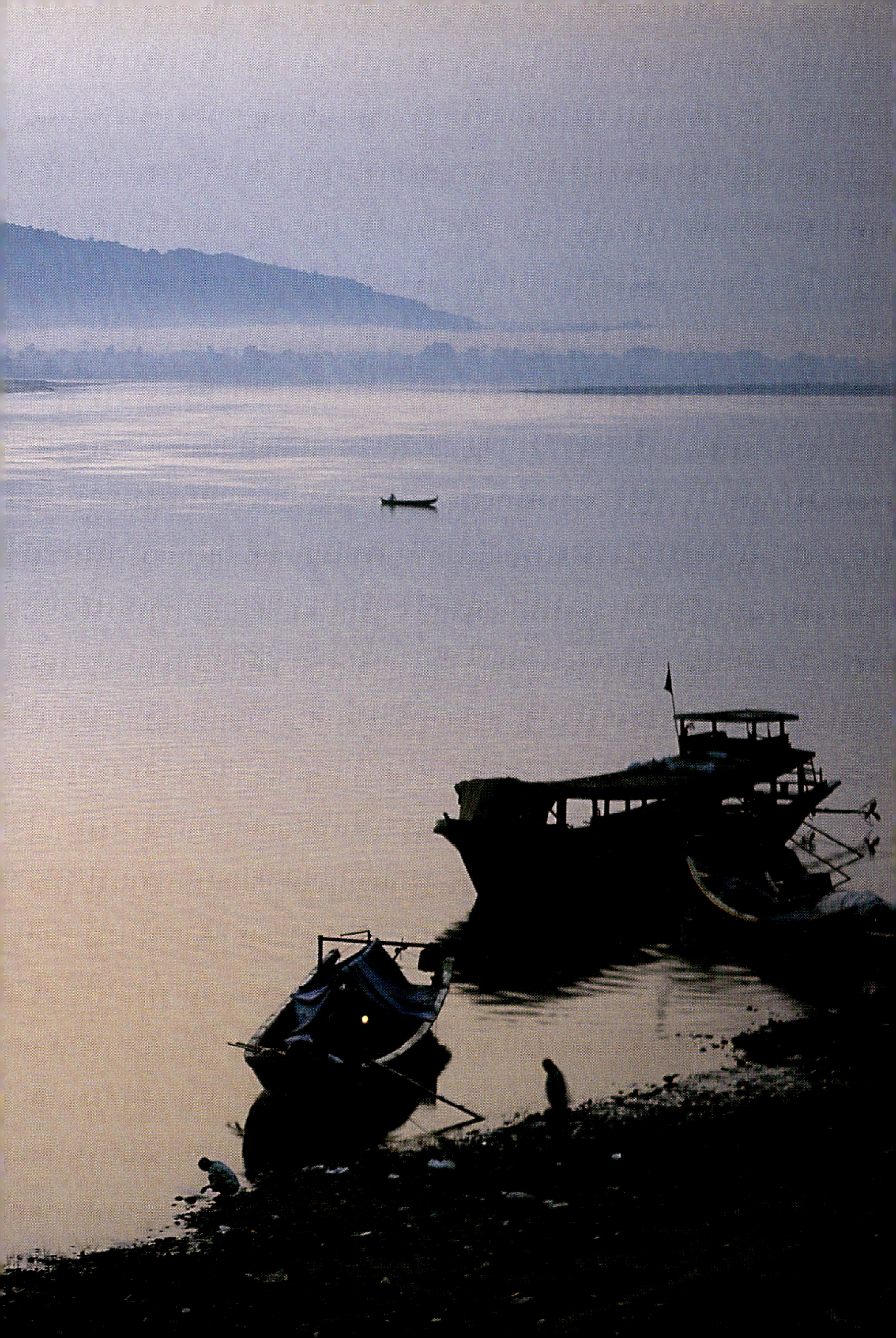

Morgenstimmung in der Stadt am Großen Fluss.
Morning in the city on the big river.

Kapitel eins
Chapter one

Zu den Jadesteinminen des Kachin-Staates

The gemstone mines of Kachin State

Myitkyina, Hpakant, Nankyiar, Myit-Son

Das Geheimnis der Jade, der Rubine und des Goldes

Also auf zu den Jademinen von Hpakant! Nur etwa 150 Kilometer entfernt – ein Katzensprung. So würde man bei uns denken. Aber weit gefehlt. Nur die ersten paar Kilometer Straße bis außerhalb Myitkyina sind geteert, dann geht die Schotterpiste los. Die Herausforderung fängt an. Wichtig, dass ein guter Fahrer das Steuer des Wagens in der Hand hält. Und das Glück haben wir. Ich hatte ihn während unserer Wartezeit eingehend getestet und mich von seinen Fahrkünsten und seiner Zuverlässigkeit auf den unwegsamen Straßen Burmas überzeugen können.

Das Wichtigste ist, Benzin zu organisieren. Der Tank wird bis zum Rand aus Kanistern gefüllt. Fünf Ballonflaschen à zehn Gallonen haben wir als Reserve dabei. Das wird reichen. Wir verlassen die Stadt gut gelaunt und voller Erwartung. Noch schreckt uns die lange Wegstrecke nicht. Der Geologe taut auch etwas auf, er scheint Vertrauen zu mir gefasst zu haben. Er hat Kuchen für die Mönche mitgenommen, extra von seiner Mutter gebacken. Unser Fahrer hat auch daran gedacht – ein Zeichen, um für eine gute Reise zu bitten. Jeden Tag trägt er einen anderen Longy, ein frisches Hemd, duscht und betet, dass wir heil ankommen mögen. Das hat mich tief beeindruckt.

Kurz bevor die asphaltierte Straße aufhört, kommen wir in die erste Kontrolle. Fahrzeug und unsere

The secrets of jade, rubies and gold

So off we go to the jade mines of Hpakant! Only 150 kilometres – an easy jaunt. That's how we would measure it in our world. But how wrong. Only the first few kilometres of the road out of Myitkyina are paved, then gravel takes over. The first of our challenges. It's important to have a good driver at the wheel. And there we're lucky. I had tested him during the time we'd been waiting to start out, and I'd been able to convince myself of his driving skill and reliability on the roads of Burma.

The most important thing now, though, is to procure petrol. The tank is filled to the brim from jerry cans. We carry five ten-gallon canisters as reserve. That should be sufficient. We leave the city in good spirits and full of anticipation. The long road ahead doesn't yet give us any cause for concern. The geologist relaxes a bit; I seem to have won his trust. He has brought along some cake, specially baked by his mother. Our driver has also thought about doing something to ensure a favourable journey. Every day he wears a different longyi, a freshly laundered shirt, he showers and prays that we make the journey safely. I'm deeply impressed. Shortly before the asphalt road ends, we encounter the first checkpoint. Vehicle papers, our identity documents, the written permission

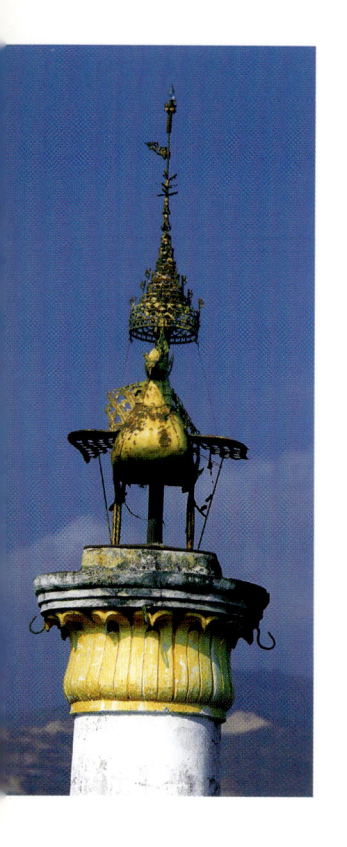

Weit schweift der Blick über Stadt und Land:
vom Zentrum des Ewigen zu den Menschen.

*The view over city and landscape sweeps from the
centre of the eternal to the mundane.*

Der Fluss als Lebensader und Waschtrog. Bambusflöße bieten den Frauen einen sicheren Ort, von dem sie im Fluss ihre Wäsche waschen.

The river as an artery and washing tub. Bamboo rafts serve as a secure place from which the women do their washing in the river.

Der Fluss und seine Ausläufer. Nicht nur zum Vergnügen, sondern vor allem als Arbeitsplatz wird er genutzt.
The river and its tributaries. They're not there for fun, but serve above all as work place.

Pässe, die Erlaubnis, zu den Jademinen zu fahren, werden von den Militärs angeschaut. Dann kann es weitergehen. Sicherheit für die Reisenden – besonders wenn Ausländer dabei sind – will die Regierung gewährleisten. So kann immer festgestellt werden, wann wer wo einen Ort verlassen hat und wohin er wollte. Sollte der Reisende nicht ankommen, sind die Nachforschungen einfacher. Hilfe kann dann leichter geleistet werden. Erklärungen, die uns gegeben werden. Aber das alles kenne ich ja schon. Das muss man mit Gelassenheit über sich ergehen lassen. Die Schönheit des Landes und der Menschen wiegt alles auf. Sollte der Wagen liegen oder in einem Fluss stecken bleiben, freut man sich über schnelle Hilfe. Von schwereren Unglücken ganz zu schweigen.

Die Strecke zieht sich hin. 150 Kilometer, und wir kommen in der Stunde etwa 15 Kilometer weiter. Das bedeutet: zehn Stunden Fahrt! Durchgerüttelt und -geschüttelt! Aber es ist ja keine Einöde, keine Wüste, durch die wir fahren. Das Auge muss immer neue Eindrücke verarbeiten. Vorbei an Orangen- und Zitronenplantagen, auf denen die Menschen die Ernte per Hand einholen, mit langen Stöcken, an denen Korbtrichter aus Bambus befestigt sind. Keine Maschinen, keine Hektik, kein Lärm, die burmesischen Männer und Frauen arbeiten mit einer Leichtigkeit

to travel to the jade mines are all studied by the military. Then we can proceed. The government wants to guarantee the security of travellers, especially if foreigners are among them. In this way it can always be established who leaves a particular place and when, and where he or she is intending to travel. If the traveller fails to arrive, the investigations are then easier. Help can then be speedier. These are the explanations given to us. But I know all that already. One just has to sit back and accept it. The beauty of the country and its people make up for it all. And – if the vehicle breaks down or gets stuck in a riverbed – one is glad of rapid help. Not to speak of a serious accident. The road is long. 150 kilometres, and in one hour we've covered 15 kilometres. That means a journey of ten hours! Shaken and jolted. But this is no desert or boring landscape through which we're travelling. There's always something new for the eye. Past citrus plantations, where people gather the rich harvest of oranges and limes by hand, using long poles topped with bamboo collecting baskets. No machines, no hectic, no racket. The Burmese men and women work with an ease and elegance that still astounds a European like me.

Auf dem Weg zu den Goldwäschern. Flöße sind auch Kinderspielplätze. Freiheit in der Natur.

En route to the gold panners. Rafts are also children's playgrounds. Freedom in nature.

Ein Wohnhaus in Hpakant. Ganz aus Teak-Holz.
Wer es sich leisten kann, wird sich ein solches bauen.

*A family home in Hpakant, built entirely out of teak.
But only those with enough money can build in this style.*

und Eleganz, die mich als Europäerin immer wieder staunen lässt.

Kleine Schweine werden von den Dorfbewohnern gehalten und an der Leine spazieren geführt. Für die Arbeit sind die Elefanten zuständig. Sie sind für den Transport von Bäumen, Waren und für die Schwerstarbeit abgerichtet. Maschinen sind oft zu teuer, und die Elefanten scheinen sich an ihre Aufgabe gewöhnt zu haben.

Immer wenn wir in ein Dorf kommen, gibt es zur Begrüßung burmesischen Tee. Einen Tee voller Aroma, stark und sanft zugleich, den ich auf meinen Reisen durch dieses gastfreundliche Land lieben lerne. Die Dorfbewohner wissen, wie anstrengend eine Fahrt durch das unwegsame Gelände ist. Aber sie sind auch neugierig zu erfahren, was wir erlebt haben, wie die Fahrt war, welche Hindernisse wir überwinden mussten, ob wir richtig geplant und vorgesorgt hatten. „Gibt es Brücken auf dem Weg, die wieder eingestürzt sind? Wie ist die Beschaffenheit der Straßen?" Aus Vorsicht gibt es fast immer zwei Straßen – eine, die oben entlang führt, eine andere, die durchs Tal geht. Eingestürzte Brücken, Furten, die nach starken Regenfällen nicht mehr passierbar sind, auch das erleben wir. Das verzögert unsere Reise und macht sie noch anstrengender als gewöhnlich. Es dauert oft lange, bis wir eine geeignete Stelle gefunden haben, den Fluss zu überqueren. Lastkraftwagen fahren immer in Konvois. Sie transportieren das wertvolle Benzin zu den Jademinen und holen die leeren Fässer wieder ab. Alle Lebensmittel müssen zu den

Piglets are kept by the villagers and taken for walks on leashes. Elephants are employed for the heaviest work and for transporting timber and other goods. Machines are often too expensive, and the elephants seem to have grown accustomed to their task.

Whenever we arrive at a village we are welcomed with Burmese tea. An aroma-rich tea, strong but also smooth, which I learned to love during my journeys through this hospitable land. The villagers know how strenuous a journey through these remote parts can be. But they are also curious to know what we have experienced, how the journey was, what obstacles we had to overcome, whether we had planned and prepared properly. Were there bridges on our way which had once again collapsed? What condition were the roads in? Two roads are nearly always built, as a precaution, one a high road and the other through the valley. Collapsed bridges, river fords made impassable by heavy rains – we experience it all. It prolongs our journey and makes it more strenuous than usual. It often takes a long time until we find a suitable place to cross the river. Trucks and other heavy vehicles always travel in convoy. They transport valuable fuel to the jade mines and return with the empty oil drums. All supplies must be transported to the mining communities.

Der Fluss als Transportweg. Meist ist das der schnellste und sicherste Weg. Am Ziel angekommen, finden die Früchte ihre Käufer.

The river as a transportation route. It's usually the quickest and safest route. Once at its destination, the fruit finds buyers.

Ausgang für die Hausschweine.
Ein einfacher Spaziergang oder der letzte Gang zum Markt?

Walking the domestic pig.
A harmless stroll or the final walk to market?

Elefanten dienen zur Arbeit. Sie sind besonders abgerichtet für schwere Transportarbeiten.

Elephants are used as draft animals. They are specially trained for heavy transportation work.

Die sandigen Wege auf dem Land sind die Domäne der Ochsenkarren. Nicht schnell, aber sicher kommen sie ans Ziel.

The sandy paths in the countryside are the domain of ox carts. They're slow, but they reach their destination safely.

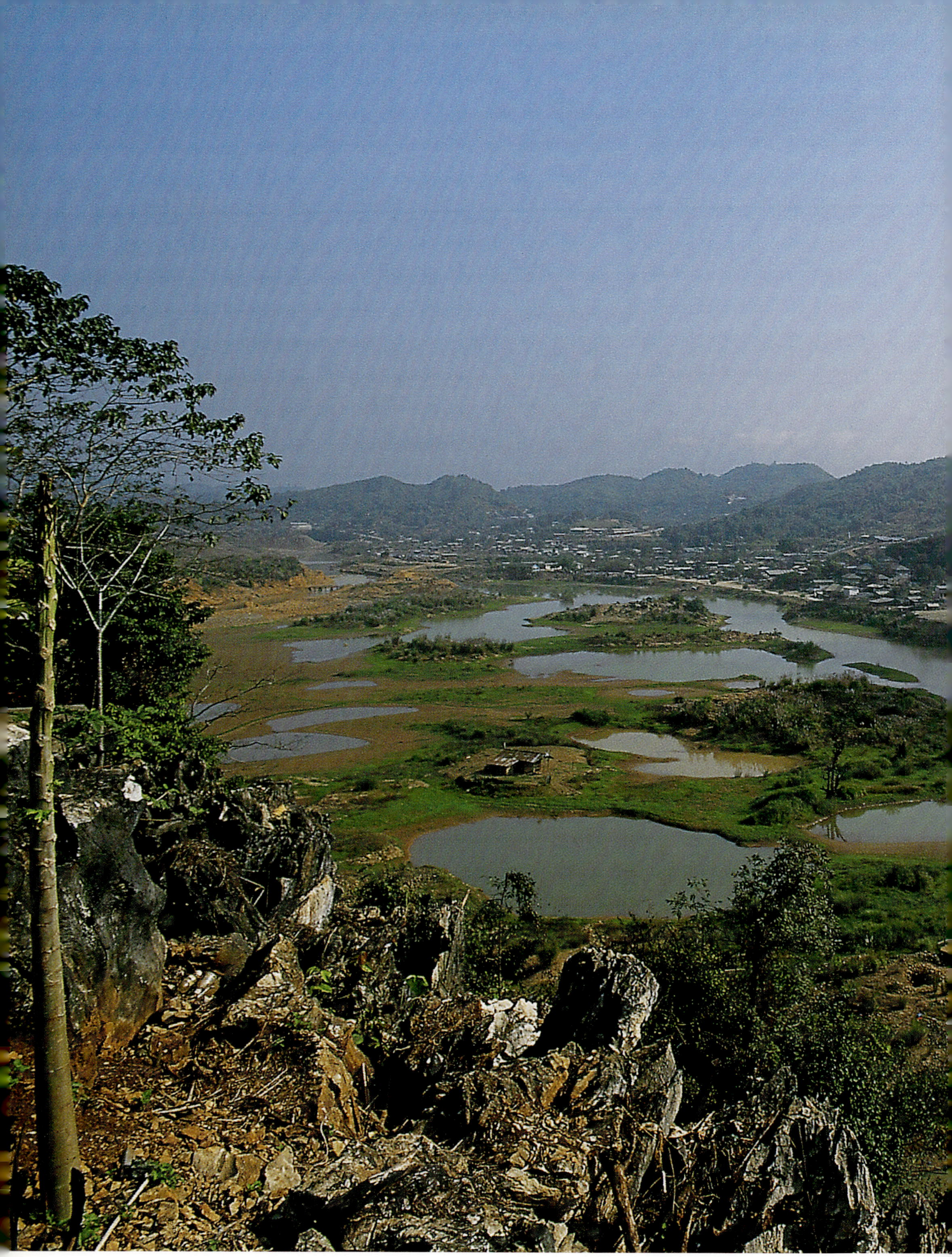

Hpakant, an einem der vielen Flüsse gelegen, die in den Kachin-Bergen entspringen.

Hpakant, sitting on one of the many rivers that have their source in the Kachin mountains.

Jademinen hin transportiert werden. Auch dafür sind die Lastkraftwagen ständig unterwegs.

Langsam nähern wir uns den Jademinen. Der Lastkraftwagenverkehr nimmt zu. Unser Jeep muss größeren Abstand halten, um nicht in den Staubwolken unterzugehen und nicht von den Schottersteinen getroffen zu werden. Hin und wieder ertönen Detonationen. Sprengungen! Wir sind also nicht mehr weit von unserem Ziel entfernt. Die Jademinen von Hpakant sind die ertragreichsten des Landes. Dort soll auch der größte Jadeblock der Welt gefunden worden sein, 2000 Tonnen schwer. Jade ist ein Stein, der in vielen Kulturen eine besondere Bedeutung hat. Nicht nur in Asien – auch in Mittelamerika. Bei den Inkas und Mayas galt der Jadestein als heilig. Ihm wurde Heilkraft zugeschrieben und wurde dementsprechend mit Sorgfalt und Achtsamkeit behandelt. Im frühen China war er sogar wertvoller als Gold, und das lässt sich wahrscheinlich auch auf Burma übertragen. Jade gilt als Symbol der Wohltätigkeit, Großzügigkeit, Intelligenz und Vertrauenswürdigkeit. Ein „tugendhafter" Stein. Wo Jade gefunden wird, herrscht heilige Energie. Ob die heilige Energie den Lärm der Maschinen überleben kann, der heute aus den Minen dröhnt? Bagger, Raupen, Sprengungen, Wassermassen – mit Ruhe und Beschaulichkeit ist es auf jeden Fall vorbei. Wasser – das ist wichtig. Es löst den Jade aus den Kalkstein-Blöcken. Jade gibt es in verschiedenen Farben, in unterschiedlichen Qualitäten. Ausgelöst wird er poliert und geschliffen, nach Qualität und Größe sortiert. Jeder Arbeitsgang wird genauestens kontrolliert. Die Jadeschleifereien sind staatlich und privat. Ich brauche eine Sondergenehmigung, um die Fertigprodukte sehen zu können.

Gradually, we approach the jade mines. The heavy-duty traffic increases. Our jeep has to keep a good distance to stay clear of the dust clouds and to avoid being hit by flying gravel. Every now and then we hear the sound of explosions. Detonations! We're not very far from our destination now. The jade mines of Hpakant are the country's most productive. The world's largest block of jade is said to have been found there, two thousand tons in weight. Jade is a stone that has a special significance in many cultures. Not only in Asia, but also in Central America. Jade was regarded as a sacred stone by the Incas and Mayas. They assigned special powers to it and consequently treated it with care and reverence. In ancient China it was even more valuable than gold and that was probably so in Burma, too. Jade is the symbol of charity, generosity, intelligence and trustworthiness, a stone of many virtues. Wherever jade is found, divine energy is also present. Whether divine energy can survive the racket of the machines working the mines, however, is questionable. Excavators, bulldozers, explosions, the masses of water – no chance of peace and calm here. Water is important. It's used to extract the jade from the limestone deposits. Jade comes in various colours and qualities. Separated from the limestone, it's polished and cut, then sorted by quality and size. Every stage of work is minutely checked. Jade cutting is state-run and also in private hands. I needed a special permit to see the finished product.

Goldgräberstimmung –
doch hier ist das Gold grün und heißt Jade.
Gold rush atmosphere –
although the „gold" here is green and is called jade.

Jademinen – wie riesige Krater prägen
sie die Landschaft um Hpakant.

*Jade mines – they dominate
the landscape around Hpakant, like giant craters.*

Auf der Suche nach dem grünen Stein werden Unmengen von Erdmassen abgetragen.

Huge masses of soil are removed in the search for the green stone.

Industrie in Hpakant. In Waschanlagen werden die Jaderohlinge vom Geröll getrennt.
Hpakant jade workings. The raw jade is separated from the earth in washing installations.

Einheimische Sammler suchen Berghänge und Flussufer nach den begehrten Steinen ab.
Local people search the mountain slopes and river banks for the prized stones.

Die Minenarbeiter schützen sich mit Tanaka vor Staub und Sonne.

The miners protect themselves from dust and the sun with tanaka.

Natürlich gibt es überall in den Städten und auf den Märkten Jadesteine und -schmuck, aber ich will Kostbarkeiten sehen. Ich kenne Burma, meine zweite Heimat, seit 1980, und ich bin stolz darauf, die erste zu sein, die eine Genehmigung bekommen hat, die in Tresoren verschlossenen Jadekunstwerke zu besichtigen.

Drei Tore mit Stacheldraht muss ich passieren – nach strengen Kontrollen. Trotz Genehmigung wird keine Ausnahme gemacht. Der Kustos, wie soll ich ihn anders nennen, ein Museums-, sprich Schatzverwalter, zelebriert die Öffnung der einzelnen Tresore. Es ist wie bei einem Hochamt. Ungelogen – auch

Jade and jade jewellery can be found everywhere in the cities and in the markets, of course, but I want to see valuable examples. I know Burma, my second home, since 1980, and I am proud to be the first to receive permission to view jade works of art in locked vaults. I have to pass through three barbed wire entrances and strict controls. No exception is made, even for those with a pass. The custodian – how else should I describe this equivalent of a museum or treasury curator? – presides over the opening of the individual safes. It's like a high mass. My anticipation mounts, my heart beats stronger. And then they lie before me – the valuable green, turquoise stones, of va-

Ein Rohling. Die scharfe Säge wird den Wert des Steins ans Tageslicht bringen.
A raw stone. A sharp saw brings the true value of the stone to light.

Je grüner der Stein ist, umso wertvoller und reiner ist er. Ausgangsfund für die Herstellung von Schmuckstücken.
The greener the stone, the purer and more valuable it is. The starting point in the manufacture of jewellery.

meine Spannung steigt, mein Herz beginnt stärker zu klopfen. Und dann liegen sie vor mir – die wertvollen grünen, türkisfarbenen Steine in unterschiedlichen Größen, unbearbeitet, manche mit großer Kunstfertigkeit von Meistern ihres Fachs zu Skulpturen und Figuren gestaltet.

Fotografieren darf ich auch – sonst wäre meine Freude nur halb so groß! Doch wie kann ich den Glanz und die innere Leuchtkraft der Steine dem Auge sichtbar machen? Eine Idee kommt auf: Wasser! Das Wasser, das Jade aus dem Kalkstein herauslöst, würde es auch zum Glänzen bringen. Nur wie sollte ich das dem Herrn über den Jadeschatz klar machen? Unbedarft frage ich ihn, ob es ein Problem wäre, wenn er etwas Wasser über den Stein gießen würde? Er schaut mich verdutzt an, glaubt wohl zuerst, ich hätte einen Scherz gemacht. Doch mein Geologe macht ihm wohl klar, dass mit mir nicht zu scherzen ist. Hin und her und her und hin – und dann geht es doch. Und wie der Stein erstrahlt! Als habe er nur auf das Wasser gewartet, wie wir Menschen auf die Sonne, die uns ein Lächeln aufs Gesicht zaubert. Ich bin glücklich!

rious sizes, some uncut, many of them fashioned into sculptures and figurines by masters of their craft. I'm also allowed to take pictures – otherwise, my delight would be only half as great. But how can I make the brilliance and inner lustre of the gems apparent to the eye? An idea hits me. Water! The water that extracts the jade from the limestone should also give it shine. But how should I make this clear to the master of this treasure. Tentatively, I ask him if it would be a problem to pour some water over the gems. He looks at me with surprise, believing no doubt at first that I'm joking. But my geologist makes it clear to the man that I'm not to be joked with. Back and forth, back and forth, and then success. And how the gem gleams! As if it had only waited for the water, as we wait for the sun that brings a smile to our faces. Happiness seizes me.

In geschickten Händen entfaltet der Jadestein seine Pracht. Zur Zierde der Menschen. Jade – der Stein des inneren Friedens.
In experienced hands, the jade stone takes on its beauty, for people to wear as decoration. Jade – the stone of inner peace.

Die Minenarbeiter leben in kleinen Dörfern rund um die Abbaugebiete. Die Grubenfelder sind abgesteckt. Wellblechhütten sind der Standard. Viele haben ihre Familien dabei, es gibt Schulen für die Kinder. Die Frauen kümmern sich um den Gemüseanbau, um die Kinder, den Erhalt der Familie – wie überall in Burma. Nur, ihre Männer verdienen hier besser. Müssen aber auch härter arbeiten. Etwa zehn Stunden am Tag sind die Regel. Pause: eine bis anderthalb Stunden! Das Essen besteht hauptsächlich aus Reis und Gemüse, viel Huhn und Ente und vielfältigen Gewürzen. Leicht und schmackhaft, vitaminreich und gesund. Obwohl der Buddhismus sagt: „Töte keine Tiere", wird Fleisch gegessen. Der Grund: die multikulturelle Gesellschaft Asiens. Oft sind es die muslimischen Bevölkerungsteile, die Tiere schlachten und den Fleischbedarf der Burmesen sichern. Harte Arbeit – sicher.

The miners live in small settlements around the mine workings. Claims are staked out. Huts constructed from corrugated iron are standard. Many live with their families, there are schools for the children. The women busy themselves with growing vegetables and caring for the children, like everywhere in Burma. Only here in the mines their men folk make more money than elsewhere. But they also have to work harder. Around ten hours is the rule with a break of one to one and a half hours. Their food is mostly rice and vegetables, much chicken and duck and a big variety of spices. Light and tasty, full of vitamins and healthy. Although Buddhism says "Do not kill any living being", meat is eaten. The reason: the multicultural social structure of Asia. It's often the Muslims among the population who slaughter the animals and provide meat for the Burmese. Hard work – that's for sure.

Ein Lieblingstier ist auch hier oft der beste Freund.
A favourite animal is often a best friend in these parts.

Das Land meint es gut mit den Menschen. Obst und Gemüse gibt es in großer Menge. Der Tisch ist reich gedeckt.

The countryside is good to the people who live there. Fruit and vegetables grow in abundance. The table is full.

Die Zeit in den Jademinen geht zu Ende. Aber die Schatzsuche geht weiter. Vom grünen zum roten Gold und dann vielleicht noch einen Abstecher zum gelben, weißen Gold, dem Kalb, dem alle nachjagen. Auf dem Weg zurück nach Myitkyina kommen wir nach Nankyiar, einem kleinen Ort, der praktisch auf keiner Landkarte verzeichnet ist. Trotzdem hat er etwas Besonderes. Er liegt mitten im Rubinland. Es sind meist nur kleinere Minen in dieser Gegend, aber die Rubine, die in mühsamer Arbeit gefunden werden, sind mit vom Feinsten. Taubenblutfarben – das ist die höchste Qualitätsstufe in der Bewertungsskala des roten Goldes. Und da ist Burma führend.

Müde und erschöpft fallen wir in einen tiefen Schlaf in einem einfachen Guesthouse – trotz Spinnen und Moskitos. Doch da hilft immerhin ein Moskitonetz. Nur die Lampe scheint uns voll ins Gesicht. Aber um 10 Uhr wird sie ausgeschaltet.

Am nächsten Tag will ich unbedingt eine Rubinmine besichtigen. Ich dachte, jetzt wo ich eine Genehmigung für die Jademinen habe, wird auch das leicht sein. Der Besitzer ist zwar da, aber er lässt sich zuerst einmal nicht beeindrucken von meinem Anliegen. Kleine Machtspiele beginnen, ich zeige ihm meine Erlaubnis, er lehnt ab, beharrt auf seiner Autorität als Besitzer. Hin und her – her und hin. Schließlich wird er schon freundlicher und lässt meine Angaben überprüfen. Die Antwort der Behörden hat ihn anscheinend zufrieden gestellt, und er zeigt mir persönlich die Rubinmine. Es ist eine kleinere Mine, er erklärt mir den gesamten Ablauf, den mühsamen Abbau mit einfachen Werkzeugen. Schonende Verfahren, um die kostbaren Steine in hervorragendem Zustand ans Licht zu bringen, wo sie ihren unvergleichlichen Glanz

My time in the jade mines comes to an end. But the treasure hunt continues. From green to red gold and then perhaps a detour in search of real gold – the "golden calf" that all seek. On the way to Myitkyina we arrive at Nankyiar, a small place that hardly exists on any map. Nevertheless it possesses something very special. It lies in the middle of the land of rubies. Most of the mines here are small, but their rubies, which are recovered with great difficulty, are of the finest quality. Blood red – that's the highest mark of quality in the scale of values of the red gold. And Burma is a world leader on this scale.

Exhausted, we fall into a deep sleep in a simple guesthouse, despite the spiders and mosquitoes. A mosquito net helps give us some rest, although a lamp shines directly into our faces. At 10 PM it's switched off. The next day, I want right away to visit a ruby mine. I thought that, since we had obtained a permit to visit jade mines, this would be easy. The owner is there, but at first he remains unimpressed by my request.

Der aus dem Gestein ausgespülte Schlamm wird über Förderbänder transportiert und ausgewaschen. Mehrere Arbeitsgänge sind dabei nötig, bis die Ausbeute erkennbar wird.

The separated mud is taken away by conveyer belt and washed. Several stages of work are necessary before the booty is recognizable.

Und weitere Minen – doch diesmal sind es Fundorte des wertvollsten Steins, den Burma zu bieten hat: des Rubins.

Mines again – but this time they produce the most valuable gemstones Burma has to offer: rubies.

Ein schöner, wertvoller Fund. Denn der Rubin ist von tiefroter Farbe. Ein Zeichen von Qualität.
A beautiful, valuable find. The ruby has a deep red colour – a sign of qualitiy.

Es muss viel Erde und Gestein bewegt werden, bis eine solche Auslese zustande kommt. Harte Arbeit für die Minenarbeiter.
Much earth and stone has to be removed before a special selection like this is found. Hard work for the mineworkers.

entfalten können. Eingefangenes Sonnenlicht, über Jahrtausende in der Erde verborgen. Unterschiede gibt es auch hier – von hellem Rot bis zum tiefblauen, blutroten Stein –, die Farbintensität bestimmt die Qualität. Und wie bei allen Edelsteinen spielt auch bei den Rubinen die Größe eine wichtige Rolle für die Werteinschätzung. Mit einem Gastgeschenk des Minenbesitzers, zwei kleinen Rubinen, auf die ich noch immer besonders stolz bin, trennen wir uns mit gegenseitigem Respekt. Ein besonderes Erlebnis für mich, denn die Minen von Mogok, die Burmas Rubinreichtum bekannt gemacht haben, hatte ich schon bei meiner vorigen Reise besucht und in meinem damaligen Buch erwähnt. Burma gilt seit der Renaissance und dem Beginn der Kolonialzeit als Land der Edelsteine. Neben Jade und Rubinen werden blaue und farblose Saphire, Smaragde, Aquamarine, Topase, Amethyste und Lapislazuli auf dem Gems and Pearl Emporium in Yangon dreimal im Jahr gehandelt. Doch der begehrteste bleibt der Rubin – für die beste Qualität der Steine ist Burma berühmt. Der Handel mit Edelsteinen ist Staatsmonopol. Das fördert leider auch den illegalen Verkauf ins Ausland.

A bit of power play begins, I show him my permit, he declines and insists on his authority as owner. And so it goes back and forth. At last he becomes friendlier and checks out my credentials. The response from the authorities seems to have satisfied him and he gives me a personal tour of the ruby mine. It's a small mine, and he explains to me the entire working procedure, the laborious work with simple tools. It's a careful procedure in order to bring to light the valuable gems in an excellent condition and allow them to display their incomparable brilliance. Captured sunlight, hidden for thousands of years in the earth. There are distinctions here, from bright red to deep blue and blood red stones – the intensity of the colour determines the quality. And, as with all gems, size plays an important role in assessing the value of the rubies. The mine owner bids farewell with a gift of two small rubies – of which I am still proud – and we take a respectful leave of each other. A special experience for me, for I'd already seen on my previous visit the mines of Mogok, which made Burma's rubies famous and which I had mentioned in the book I wrote at the time. Since the Renaissance and beginnings of colonialization, Burma has ranked as the land of gems. The gem trade in Burma is a state monopoly. Unfortunately, that encourages illegal foreign trading.

Die Rubine sollen ihre Käufer finden.
Dafür werden die Steine nach Qualität und Größe sortiert.

Rubies look for a buyer.
The stones are sorted by quality and size.

Wenn Rubine eine edle Fassung bekommen sollen,
dann darf sie nur aus hochwertigem Gold sein.

If rubies are given a fine setting then it must be only the finest gold.

Kachin ist von seinen Bodenschätzen her ein immens reicher Staat. Neben den Edelsteinen gibt es auch große Goldvorkommen. Sie werden meist nicht in Minen abgebaut, sondern aus dem Sand der Flüsse gewaschen. In den Flüssen versuchen sich natürlich auch viele Anwohner als Goldwäscher. Kein Freizeitvergnügen, sondern oft der Versuch, dem einfachen Dasein zu entkommen.

Last but not least ist Kachin der Staat, in dem die Lebensader Burmas entspringt, der Irrawaddy (Ayeryawady). Myit-Son, ungefähr 40 Kilometer von Myitkyina entfernt im Norden, ist die Wiege des langen Flusses, der hier oben, wo die Wasser von Mekha und Malihka zusammentreffen und sich zum Irrawaddy (Ayeryawady) vereinigen, ein El Dorado für Goldwäscher ist. Tief im Süden Burmas, hinter Yangon, mündet er nach über 2000 Kilometer Länge in sein weitläufiges Flussdelta.

Kachin, because of its natural resources, is an immensely wealthy state. Apart from gemstones, it has large gold reserves. Most of the gold isn't mined but panned from the sand of riverbeds. Many villagers consequently try their luck as gold panners. It's no hobby for them but often an attempt to escape the plain life.

Last but not least, Kachin is the state where Burma's life blood, the Ayeryawaddy River, has its source. Myit-Son, about 40 kilometres north of Myitkyina, is where the long river begins, up here where the waters of the Mekha and Malikha merge and form the Irrawaddy (Ayeryawaddy), an Eldorado for gold panners. Two thousand kilometres further south, beyond Yangon, the great river empties into its broad delta.

Der Malihka-Fluss wird uns zu den Goldwäschern bringen. Schatzsucher wie eh und je, auf der Suche nach Reichtum.
The Mahlika River will bring us to the gold miners. Treasure hunters, now as in olden times, searching for wealth.

Ein wichtiger Erwerbszweig: der Fischreichtum des Flusses.
An important enterprise: the fish stock of the river.

Der Lohn ist relativ gut, doch das Gold muss abgegeben werden. Die harte Arbeit kann sich lohnen und Wohlstand bringen.

The pay is relatively good, although the gold must be handed over. The hard work can be worthwhile and bring prosperity.

Der aus dem Gestein ausgespülte Schlamm wird über Förderbänder transportiert und ausgewaschen. Mehrere Arbeitsgänge sind nötig, bis die Ausbeute erkennbar wird.

The separated mud is taken away by conveyer belt and washed. Several stages of work are necessary before the booty is recognizable.

Das edle Metall in der Weiterverarbeitung zu Blattgold. Je dünner, desto wertvoller. Meist zur Verzierung der allgegenwärtigen Buddhafiguren.

The precious metal is being worked to form gold leaf. The thinner the leaf, the more valuable. It's used mostly to decorate the omnipresent Buddha figures.

Das gelbe Gold aus dem Kachin-Staat. Bei großer Hitze geschmolzen, kann es leicht weiterverarbeitet werden.

Yellow gold from Kachin State. When melted at high temperatures it's easier to work.

45

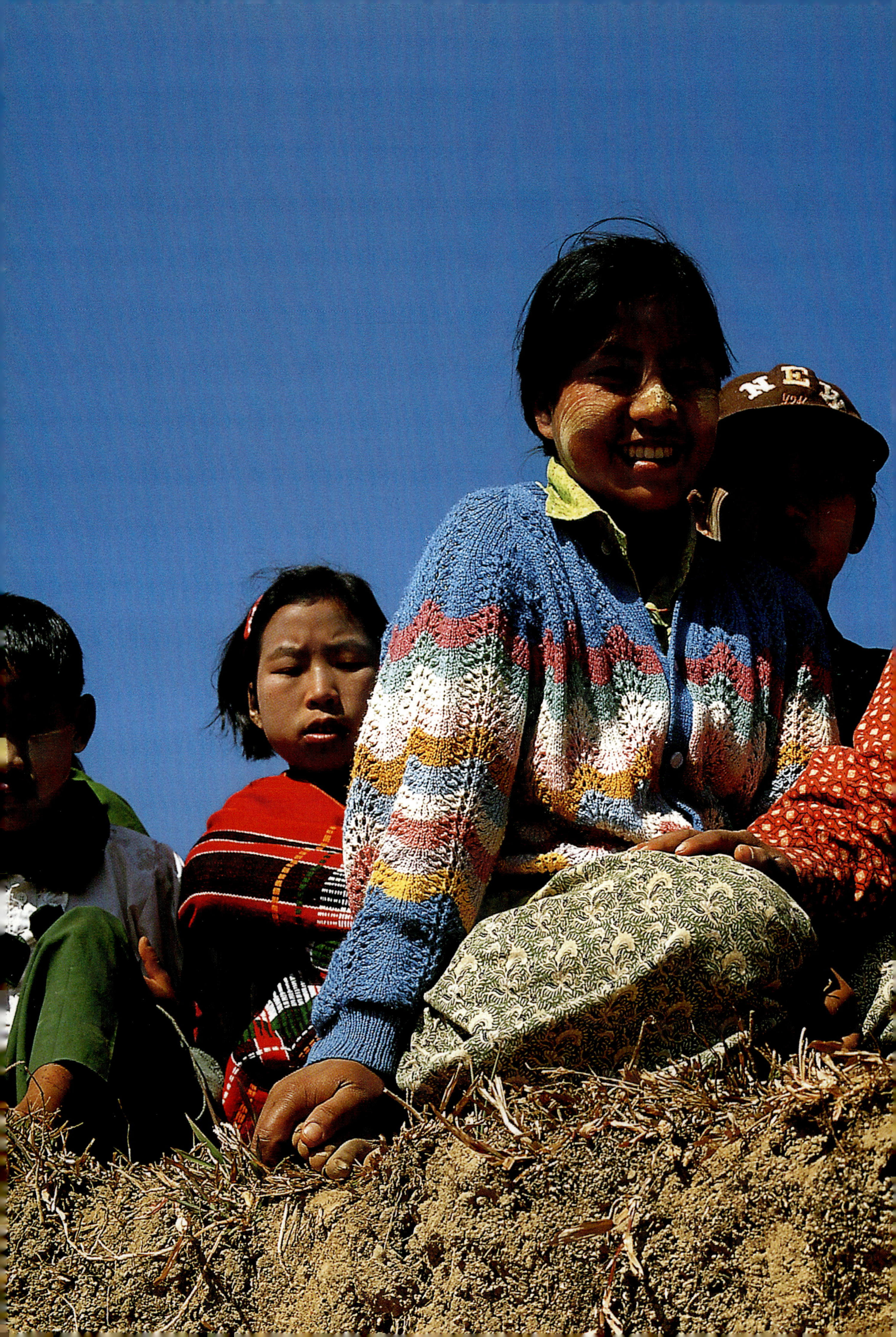

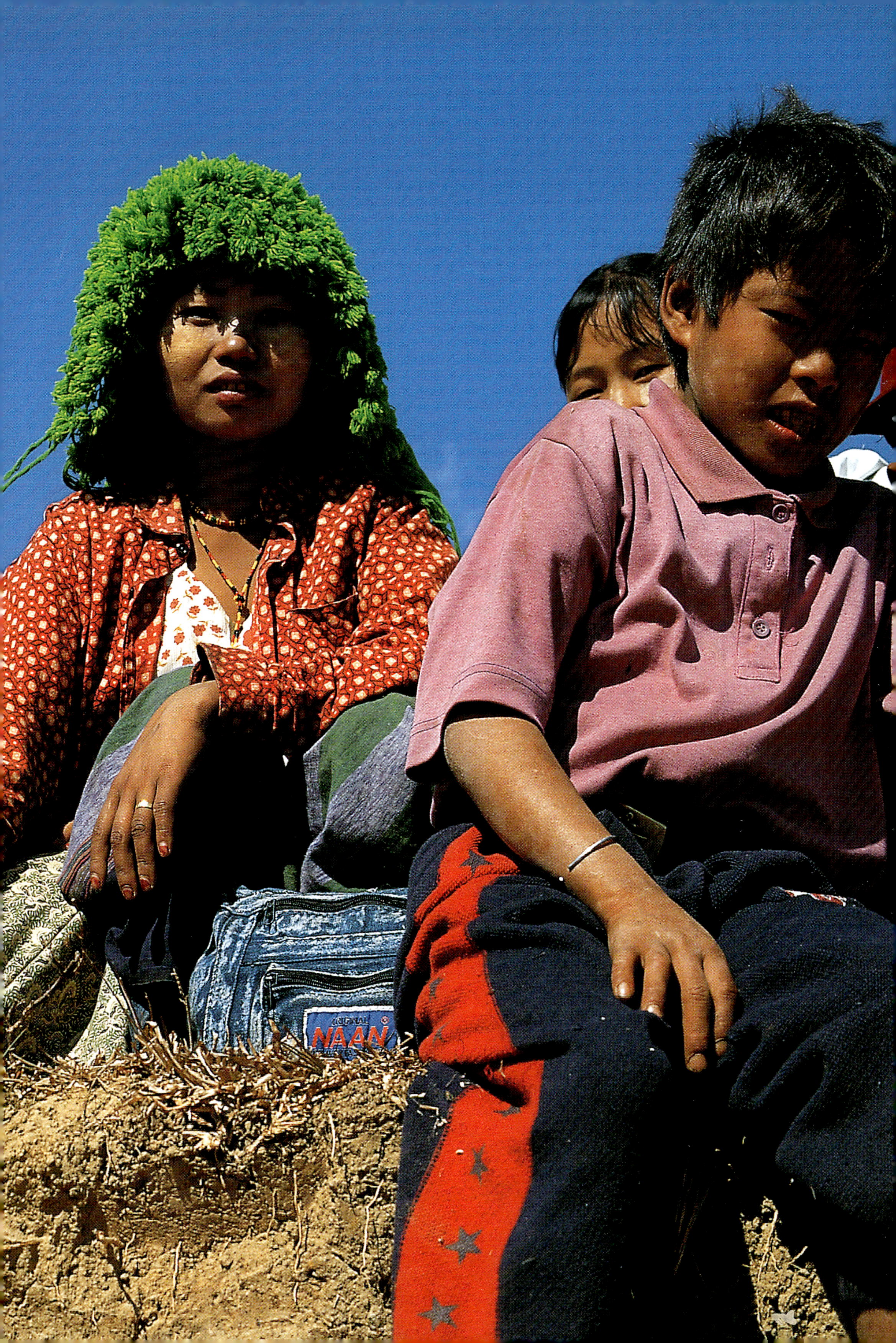
ORIGINAL
NAAN

Spannung und Erwartung liegt in der Luft. Kinder und
Erwachsene genießen die Vorfreude auf die bunten Tänze.

*Tension and expectation hang in the air. Children and adults
alike enjoy the anticipation of the colourful dancing.*

Kapitel zwei
Chapter two

Im Nagaland an der indischen Grenze des Sagaing-Staates

In Nagaland at the Indian border of Sagaing State

Mandalay, Khamti, Tamanthi, Layshi

Das Neujahrsfest bei den Kopfjägern der Nagas

Doch der Ausgangsort für meine weiteren Reisen ins unentdeckte Burma ist Mandalay, der Ort, dem der Fluss seinen englischen Namen für die Reisenden verdankt: The Road to Mandalay – egal ob von Süden oder von Norden kommend.

Mandalay liegt im Sagaing-Staat, fast gegenüber der Hauptstadt Sagaing am anderen Ufer des Irrawaddy (Ayeryawady). Von dort starte ich meine Reise ins Nagaland – ganz weit weg aus der Zivilisation – an die nordwestliche Grenze zwischen Burma und Indien.

Die Nagas sind kein einheitliches Volk. Sie setzen sich – wie Indianer – aus verschiedenen Stämmen zusammen. Schätzungsweise bilden 64 Stämme oder Clans eine Mischung aus Indo-Mongolider Rasse und sprechen eine entfernt indo-burmesische Sprache. Sie bilden keine Einheit und haben sich über Jahrhunderte bekämpft. Sie sind große Jäger – auch heute noch – und scheuen sich nicht davor, Tiger, Bären und Leoparden anzugreifen.

Berüchtigt macht sie nach wie vor ihr Ruf als Kopfjäger. Felder sollen sie mit Menschenblut getränkt haben, damit die Ernte besser wird. Jagdtrophäen, und besonders menschliche, sollten Glück bringen und waren ein Symbol für die Männlichkeit des Siegers und für die Fruchtbarkeit, sprich Potenz.

The New Year festival of the Naga head-hunters

The starting point for my further journeys in undiscovered Burma is Mandalay, the place where the river takes its English name for travellers: the Road to Mandalay, whether they come from south or north.

Mandalay lies in Sagaing State, just about opposite the capital Sagaing on the other bank of the Irrawaddy (Ayeryawaddy). Here begins my journey into Nagaland, far away from civilization, on the northwest frontier between Burma and India. The Nagas aren't a unified ethnic people. Like the people of India, they come from various tribes. It's estimated that there are about 64 tribes or clans, a mixture of Indo-Mongolid races who speak a language distantly related to Indo-Burmese. They form no unified group and have fought each other for centuries. They are great hunters – even today – and have no fear of tigers, bears and leopards.

They are still renowned as head-hunters. They are said to have doused their fields with human blood to ensure good harvests. Hunting trophies, especially human ones, were thought to bring good fortune and were symbols of the masculine prowess of the successful hunter and of his potency. Today animal blood is poured symbolically onto the fields. The rite was practiced, however, in order to demonstrate the fame

49

Heute wird symbolisch noch Tierblut über die Felder vergossen. Gegenüber anderen „Völkern" sollen sie jedoch diesen Ritus zum eigenen Ruhm und dem ihres Stammes oder Dorfes gepflegt haben. Vor allem diente es wohl dazu, andere Stämme abzuschrecken, das Dorf anzugreifen. Vor 20 bis 30 Jahren etwa mag der Brauch verloren gegangen sein. Es mögen viele Gerüchte daran hängen, aber mehrere Funken Wahrheit werden schon dahinter stecken.

Was mich dahin getrieben hat, ist das spektakuläre Neujahrsfest der Nagas. Ein Ereignis, zu dem viele hinströmen, auch Zuschauer, die sonst nichts mit den Stämmen im Norden zu tun haben wollen.

Wie immer in Burma, war es nicht leicht, alles zu organisieren. Wir tätigen alle Einkäufe in Mandalay, nehmen wie üblich Gastgeschenke mit, vor allem praktische Sachen, Wolldecken, Kessel, Handtücher, und fliegen los. Manchmal komme ich mir wie eine Marketenderin vor, die Tauschhandel betreiben will.

of a tribe or a village to outsiders. Above all, it served to intimidate other tribes from attacking a village.

Many fables might have become attached to these practices, but there is nevertheless much truth behind them. What drives me here are the spectacular New Year celebrations of the Nagas, an event that draws many people, also spectators who otherwise want nothing to do with the northern tribes. As always in Burma, it isn't easy to organize everything. We buy everything we need in Mandalay, take along the usual gifts, principally practical things such as blankets, cooking pots, towels, and then we fly north. Often I seem like a market trader who wants to barter her goods. There is a flight from Mandalay to Hkamti, from there to Tamanthi and then one to Layshi. I am accompanied by an experienced traveller of the country who knows the region. He convinces me that he know so many Nagas that it isn't necessary to reserve hotel rooms. But in fact, when we arrived in Hkamti, we learn that all his friends have died, and we sleep

Reisende wissen die Vorzüge einer Dampferfahrt auf dem Fluss zu schätzen.
Travellers know how to value the advantages of a steamer cruise on the river.

Begleitet von Militär treiben wir neuen Abenteuern entgegen.
We're off to new adventures, accompanied by the military.

Zu Hause auf dem eigenen Boot. Daheim und doch beweglich inmitten der Hausbootgemeinschaft.
*At home on one's own boat.
At home, but still on the move – amidst the houseboat community.*

Auch das kleinste Boot kann man sein Eigen nennen.
One can call even the smallest boat one's own.

Von Mandalay ging ein Flug nach Khamti, von da aus nach Tamanthi und dann nach Layshi. Ich hatte einen erfahrenen Kenner des Landes dabei. Er war so überzeugend, dass ich ihm Glauben schenkte, als er behauptete, er kenne so viele Nagas, dass es nicht nötig sei, ein Hotel zu reservieren. Tatsächlich waren aber alle seine Freunde schon gestorben, als wir in Khamti ankamen, und wir verbrachten unsere Nächte in einfachsten Unterkünften. Was auch sehr spannend sein kann.

In Kamthi heißt es, ein Boot zu bekommen, um auf dem Chindwin, einem der größten der unzähligen Nebenarme des Irrawaddy (Ayeryawady), unser Ziel zu erreichen. Am frühen Morgen liegt das Boot bereit. Militär wird uns als Geleitschutz zugeteilt. Wovor sie uns schützen wollen, ist mir nicht ganz klar. Piraten sollen eine Bedrohung sein. Nun gut, die beiden jungen Soldaten sind nett, das Boot ist allerdings nur 1,20 Meter breit und 3,50 Meter lang, für vier Personen. Solide aus Teak-Holz gebaut, aber ohne Bänke. Acht Stunden dauert die Flussfahrt. Es geht vorbei an Goldwäschern und Flößern, die ihre Bambusflöße auf dem Fluss steuern, beladen wieder mit Bambus, das zum Häuser- und Möbelbauen dienen wird. Unsere erste Unterkunft besteht nur aus einem Tisch mit Schlafsack, einem Bett ohne Matratze. Doch das Essen ist gut: Reis mit Geflügel und Gemüse, würzige Saucen.

Bambus- und Strohhütten zum Schutz der Waren vor Regen und Raubtiere.
Bamboo and straw huts for the protection of goods against rain and predatory animals.

in the simplest rooms. And that can be very exciting. In Kamthi, we are told we have to organize a boat in order to travel the Chindwin, one of the largest of the innumerable tributaries of the Irrawaddy (Ayeryawaddy), to get to our destination. Early in the morning our boat is ready. A military force is assigned to us as protection. But it's not quite clear to me what they want to protect us from. Pirates are said to present a threat. Still, the two young soldiers are pleasant, the boat for us four, however, is only 1.20 metres wide and 3.50 metres long. Solidly built from teak, but without seats. The journey on the river lasts eight hours. We pass gold panners and rafts, steered through the waters

on their bamboo floats, laden in turn with bamboo to build houses and furniture. Our first accommodation consists of a table with sleeping bag and a bed with no mattress. But the food is good: rice, chicken and vegetables in a spicy sauce. From Tamanthi to Layshi the route goes over land, in a 1985 vintage truck, over rough mountain roads, although the map describes them differently. As we drive away we see people at the market place crowding around trucks and hoping to get a place aboard. Wherever they believe there's a free place they jump aboard – also onto our own truck. The road rises and falls on gradients of up to 45 percent – I feel as if I'm on a roller-coaster, but even

Mein Haus ist meine Burg.
Liebevoll konstruieren viele ihr Zuhause.

My home is my castle. Many construct their homes with loving care.

Von Tamanthi nach Layshi geht es wieder über Land und das mit einem Lastkraftwagen von 1985. Unbefestigte Straßen in die Berge, obwohl sie auf der Landkarte anders eingezeichnet sind. Bei der Abfahrt sehen wir Menschen auf dem Marktplatz, die sich um Lastkraftwagen sammeln, um einen Platz zu bekommen. Wo noch ein Platz vermutet wird, springt noch ein Einheimischer auf – auch bei uns, die wir mit einem eigenen Jeep losfahren. Steigungen und Gefälle bis zu 45 Prozent – ich komme mir vor wie auf der Achterbahn – nur ungesicherter. Hoffentlich halten die Bremsen durch! Zweifel an der Wartung sind wohl nicht ganz unberechtigt, und wir hoffen, dass durch das starke Gefälle die Bremsen nicht versagen. Die Bäche dienen uns dazu, die Bremsen zu kühlen. Wasserdampf aus den heiß gelaufenen Bremsen zeigt uns, wie vorsichtig wir sein müssen. Und hat der Kühler noch Wasser?

Das alles zwingt uns zu manchen unfreiwilligen Zwischenstopps, die aber auch wieder ihr Gutes haben. Denn ich kann mir die Landschaft anschauen und in Ruhe fotografieren. Das Wichtigste ist: Wir kommen heil an. Alles ist wirklich unheimlich exotisch – auch noch für mich, die ich Burma schon seit 1980 kenne. Eine Spannung liegt in der Luft, die einen nicht unberührt lässt. Doch mein inländischer Begleiter holt mich auf den Boden zurück. Die Unterkunft. Man muss sich darum kümmern. Okay! Ein Schulraum ist ausgeräumt und umgestaltet worden. Bretter wurden verlegt, einen Meter hoch über dem Boden mit einem Gang in der Mitte. So will man uns vor der feuchten Kälte der Nacht schützen. Den Rest muss der Schlafsack erledigen. Ein Spanier mit seiner Frau und etliche Japaner sind unsere Gefährten in der Nacht. Insgesamt werden wir wohl 20 Leute in dem Saal sein. Mir soll es recht sein. Ich weiß, ich kann überall schlafen.

Tropische Gräser und unbekannte Pflanzen säumen unseren Weg auf dem Chindwin.
Tropical grasses and unknown plants line our route on the Chindwin.

more insecure. Hopefully the brakes are good! Doubts about the truck's servicing record aren't entirely unjustified, and we hope the brakes are able to handle the precipitous drops. Mountain streams serve to cool the brakes down. Steam from the overheated brakes show us how careful we have to be. And is there still water in the radiator? All this compels us to make many unwanted stops on the way, which also turn out to have their advantage. I can admire the landscape and take pictures at leisure. The most important thing is that we arrive in one piece. Everything is extraordinarily exotic – even for me, although I have known Burma since 1980. A palpable tension hangs in the air. But my Burmese companion calls me back to earth: The accommodation has to be sorted out. OK! A schoolroom is cleared out and rearranged. Boards are laid out – one metre above the floor and with a gangway between them. This is how we are to be protected against the cold of the night. The sleeping bag takes care of the rest. A Spaniard and his wife and several Japanese are our companions for the night. Altogether, there are some 20 of us in the one room. It's all the same to me. I know that I can sleep anywhere.

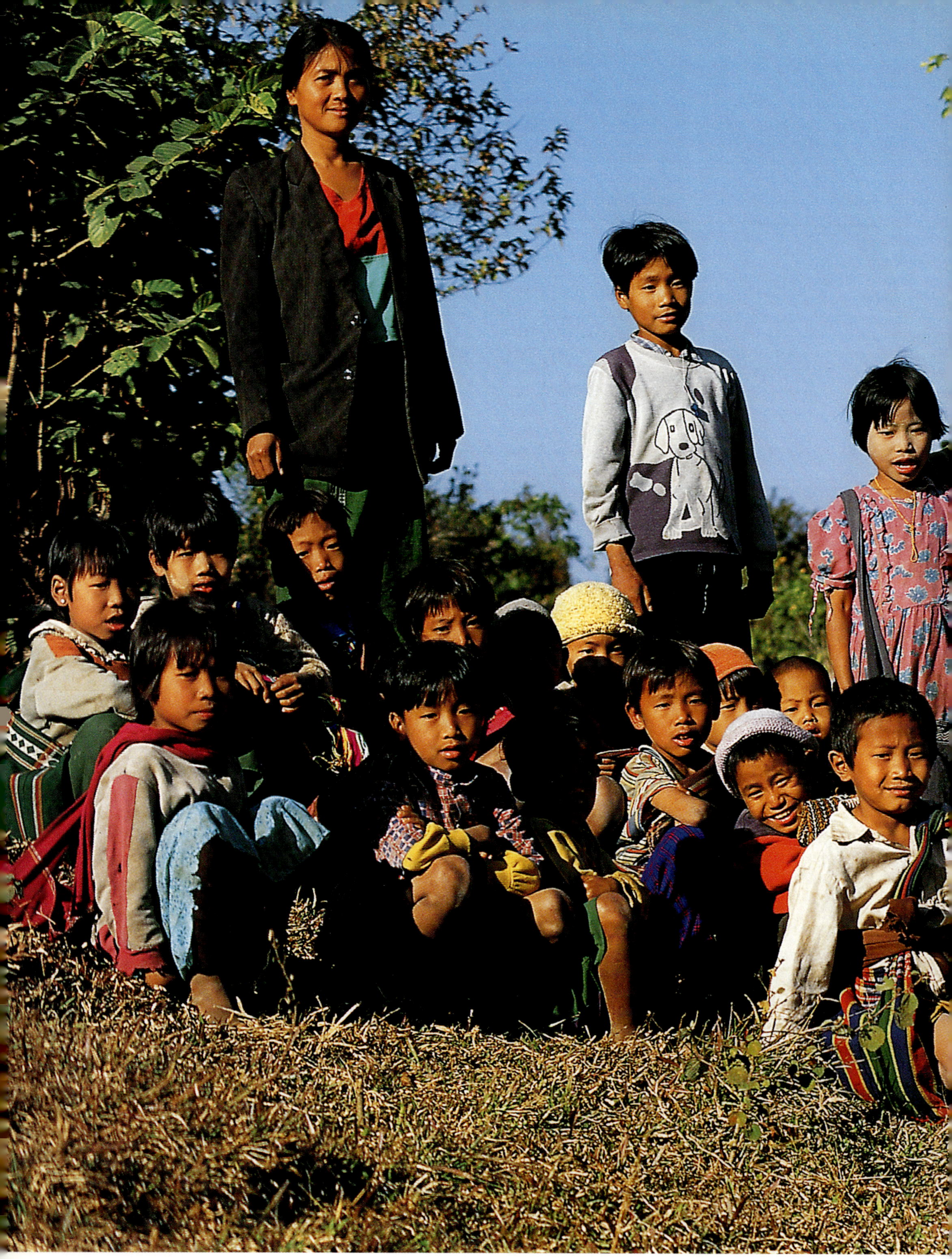

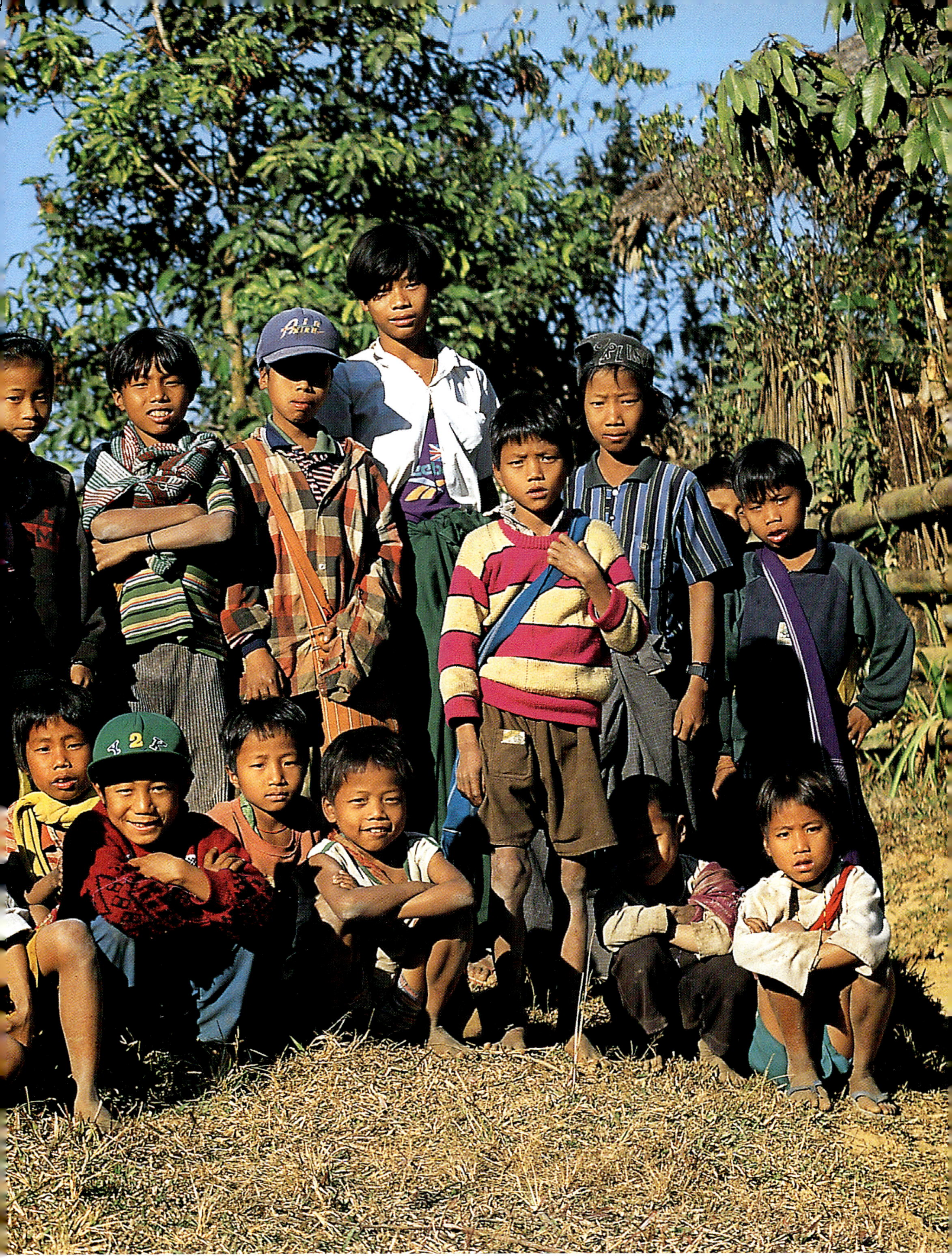

In Erwartung des Festes.
In anticipation of the festival.

Die Menschen in den Dörfern sind zum Teil nur mit Lendenschurzen bekleidet und üben für ihren großen Festauftritt. Tänzer mit Masken, Kostümproben, die Naga-Gewänder – wie an jedem Ort auf der Welt, wenn ein großes rituelles Fest bevor steht. Lampenfieber! Überall ist es zu spüren. Auch mich ergreift es, und ich fühle mich hingezogen zu den Nagas und fotografiere die einzelnen Verwandlungsstadien, wie sie in ihre Kostüme, ihre Masken, ihren Kopfschmuck eintauchen, bis sie wieder in ihrer Stammesvergangenheit aufgehen – soweit das eben heute noch möglich ist, sage ich als Außenstehende.

The villagers, many of them just in loin cloths, prepare for their appearance at the celebrations. Masked dancers, costume rehearsals, Naga robes – like everywhere in the world when a great ritual celebration is planned. First-night nerves! It can be felt all around. It takes hold of me, too, and I feel drawn towards the Nagas and I photograph the individual procedures, how they appear in their costumes, their masks and their headdresses, as they slip into their tribal past – as far as that is possible these days, I tell myself as an outsider.

Andrang auf die Lastkraftwagen, die zum Fest fahren. Die Plätze sind begehrt. Doch jeder weiß, dass er mitkommt.
Rush for the trucks that travel to the festival. Places aboard the trucks are in big demand. But everybody knows there'll be room aboard.

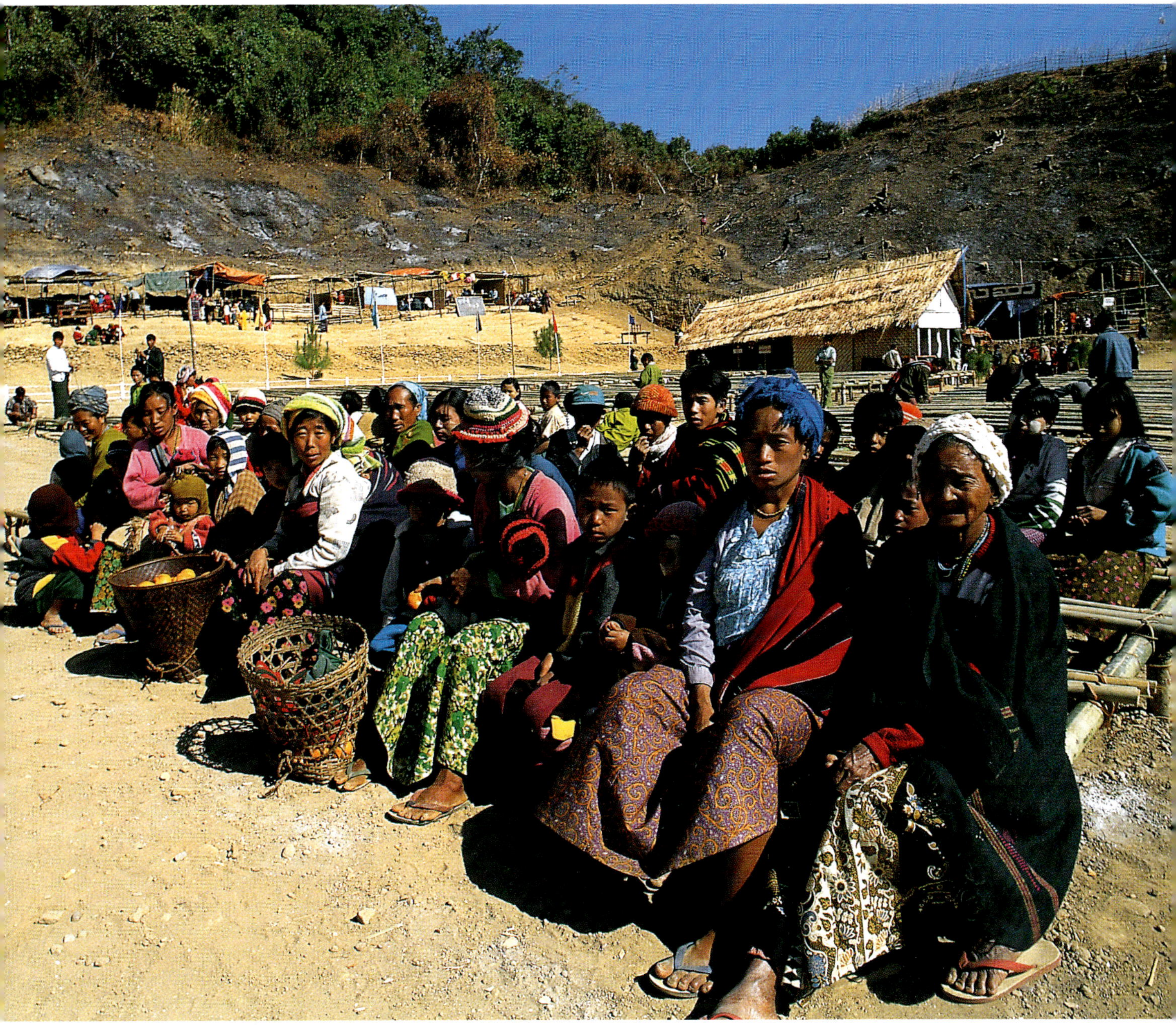

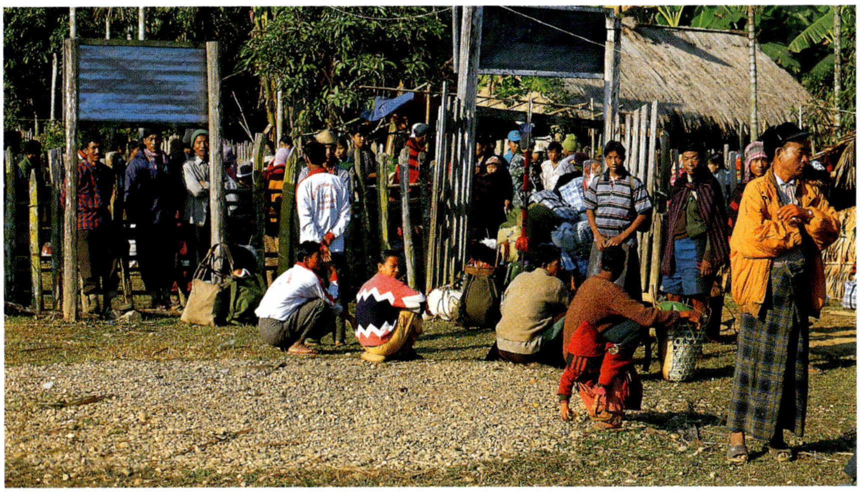

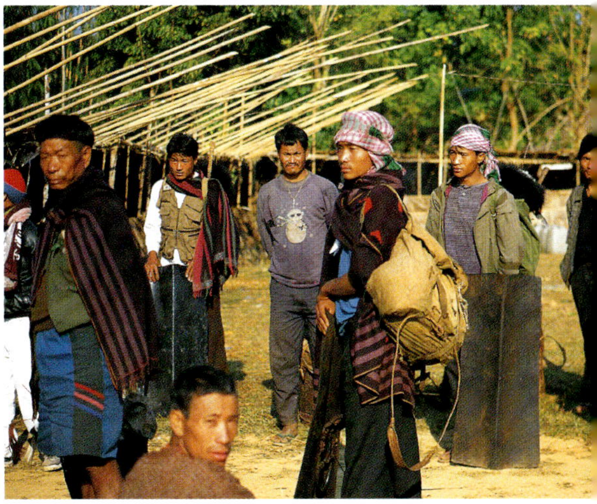

Der Nagamann – noch in Alltagskleidung.

The Naga man – still in his everyday clothes.

Meine Aktivitäten und Zuwendungen lösen aus, dass ich einen Armreif geschenkt bekomme. Da macht es mir besondere Freude, ihm ein Handtuch dafür zu geben. Gesten des Wohlwollens, der Freundlichkeit und Anerkennung. Um den Wert des Gegenstandes geht es nicht.

Das Fest geht über zwei Tage. Ein Büffel wird geopfert. Das ist mit eines der kostbarsten Haus- und Feldtiere, die vorhanden sind. Ein Schatz! Jeder bekommt ein Stück vom Büffel, ob klein oder groß. Und jeder genießt die seltene Gabe.

My involvement results in my receiving a bangle as a present. I take great pleasure in giving a hand towel in return. Gestures of goodwill, friendship and recognition. It has nothing to do with the value of the object.

The celebrations last two days. A buffalo is slaughtered. It's one of the most valuable domestic animals that's available. Everyone, without exception, receives a piece of the buffalo. And everyone enjoys the rare gift.

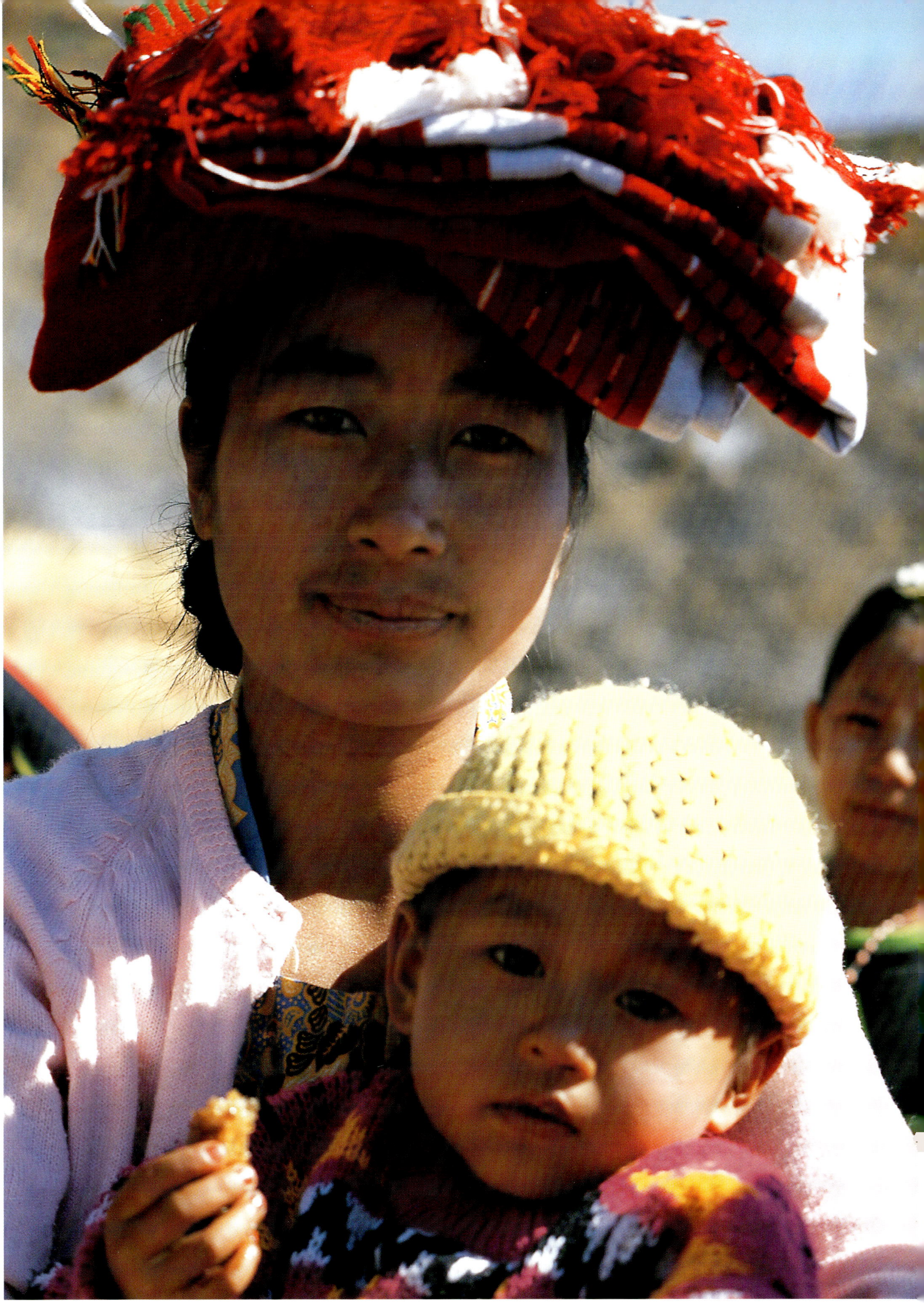

Spektakulär sind natürlich die vielen Masken und Kostüme der Nagas. Die Zuschauer sind zwar hauptsächlich wegen des Neujahrsfestes hierher gekommen, aber die Masken ziehen jedes Jahr Aufmerksamkeit und Bewunderung auf sich. Nicht Elfenbein, Schlangenhäute oder Tigerzähne sind Zeichen von Reichtum. Es sind Muscheln und Fischzähne. Denn so etwas gibt es hier im Gebirge heute nicht mehr. Und wer sich so etwas leisten kann, muss als erfahrener Jäger die Welt erlebt und überlebt haben. Aber vielleicht ist es auch nur eine Erinnerung und Wertschätzung der ursprünglichen Herkunft.

Auf jeden Fall ist es ein unvergleichliches Schauspiel. Der Häuptling ist natürlich noch besonders herausgeputzt. Er zelebriert mit seinen „Kriegern" eine offizielle Zeremonie. Er unterscheidet sich von den anderen durch einen besonders prächtigen Kopfschmuck und eine vielfältige Aneinanderreihung verschwenderischen Muschelschmucks, der ein Zeichen von großem Reichtum in seinem Stamm ist.

Viele von den „Wilden" wurden Christen. Doch der Ursprung ihrer Naturreligion blieb erhalten und ist mit dem Christentum verwoben, ohne dass beide sich groß in die Quere kommen.

Wie bei jedem Ende eines großen, für mich unvergesslichen Festes bleibt auch ein bisschen Trauer und Nachdenklichkeit. Denn jede Kultur ist anders, aber ich stelle doch immer wieder mehr Gemeinsamkeiten zwischen allen Gesellschaften fest, als ich vermutet habe.

Alles geht zu Ende, und schneller als wir denken, sind wir zurück in Mandalay.

The many masks and costumes of the Nagas are of course spectacular.

The spectators have come here principally because of the New Year celebrations, but the masks arouse interest and admiration every year. Ivory, snake-skin or tiger's teeth aren't signs of wealth, but shells and the teeth of fish – because these aren't found any more here in the mountains. And whoever can afford such things must have been an accomplished hunter and a survivor. But perhaps it's also just a memory and a system of values from earlier times. At any rate, it's an incomparable piece of theatre. The chief, of course, is especially finely turned out. He and his warriors celebrate an official ceremony. He distinguishes himself from the others through a particularly fine headdress and rows and rows of costly shell decoration, a sign of great wealth in his tribe. Many of these "savages" are Christians. But the origins of their natural religion remain intact and are entwined with Christianity, without either of them coming into conflict.

As at the end of any great and, for me, unforgettable feast, some sadness remains. For every culture is different, yet I establish every time that all societies have more in common than I thought.

Everything has its end, and we're back in Mandalay faster than we imagined.

Federn auf dem Kopf – ein Statussymbol – und rotgefärbte Samen als Hals- und Brustschmuck.
Zeichen der Macht und gesellschaftlicher Stellung.
Feathers on the head – a status symbol – and red-dyed seeds as neck and chest decoration.
Signs of power and social position.

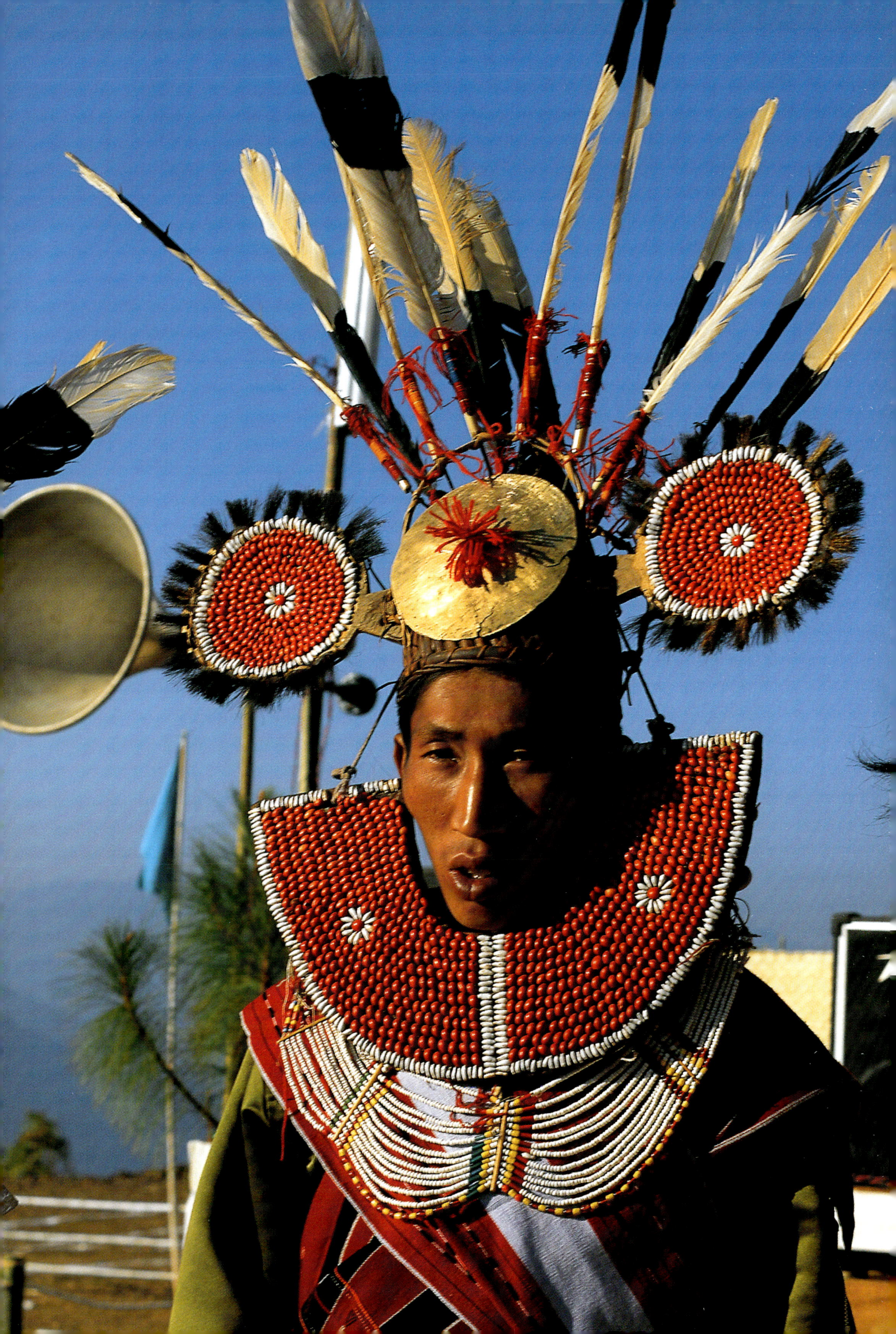

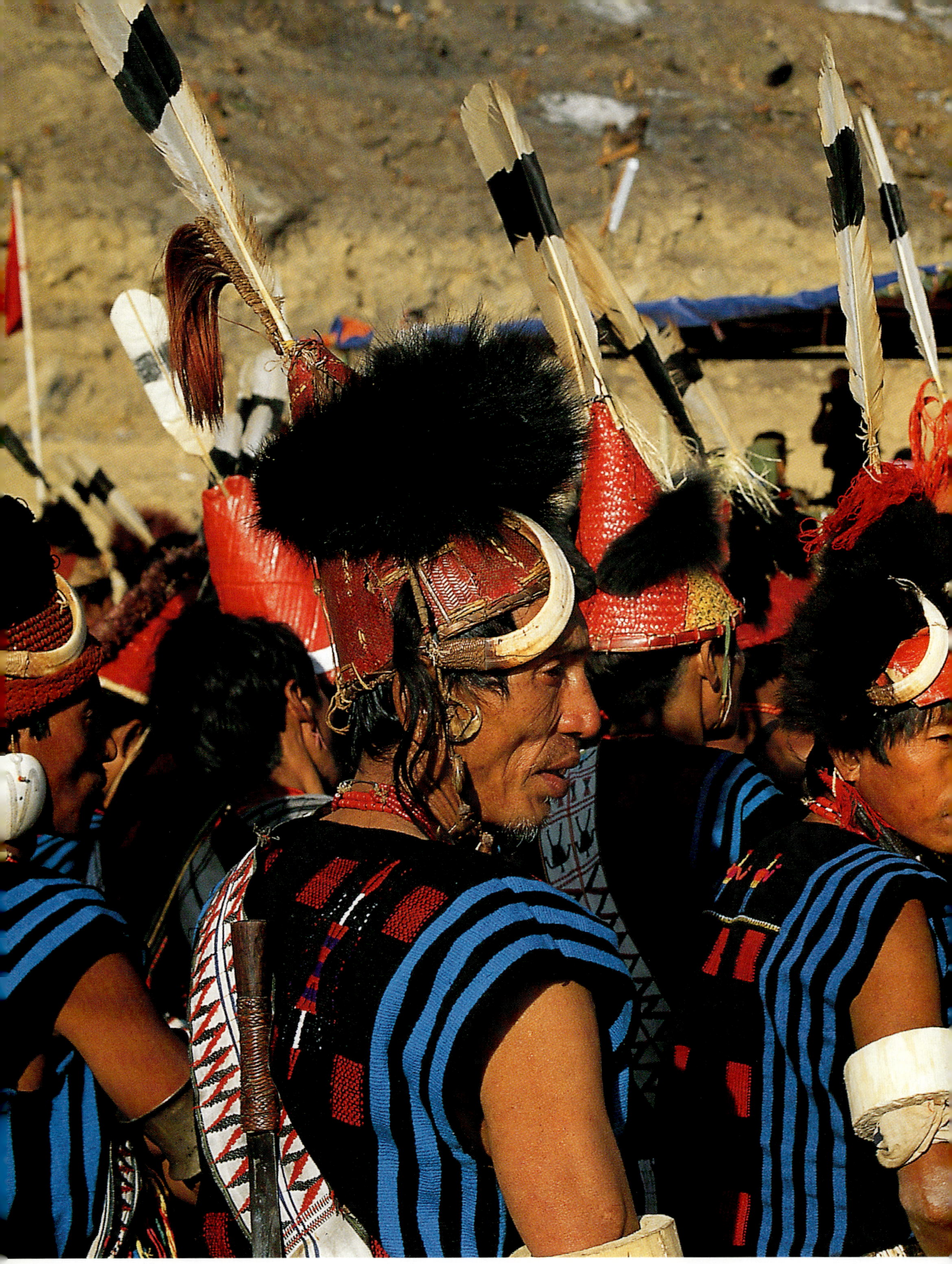

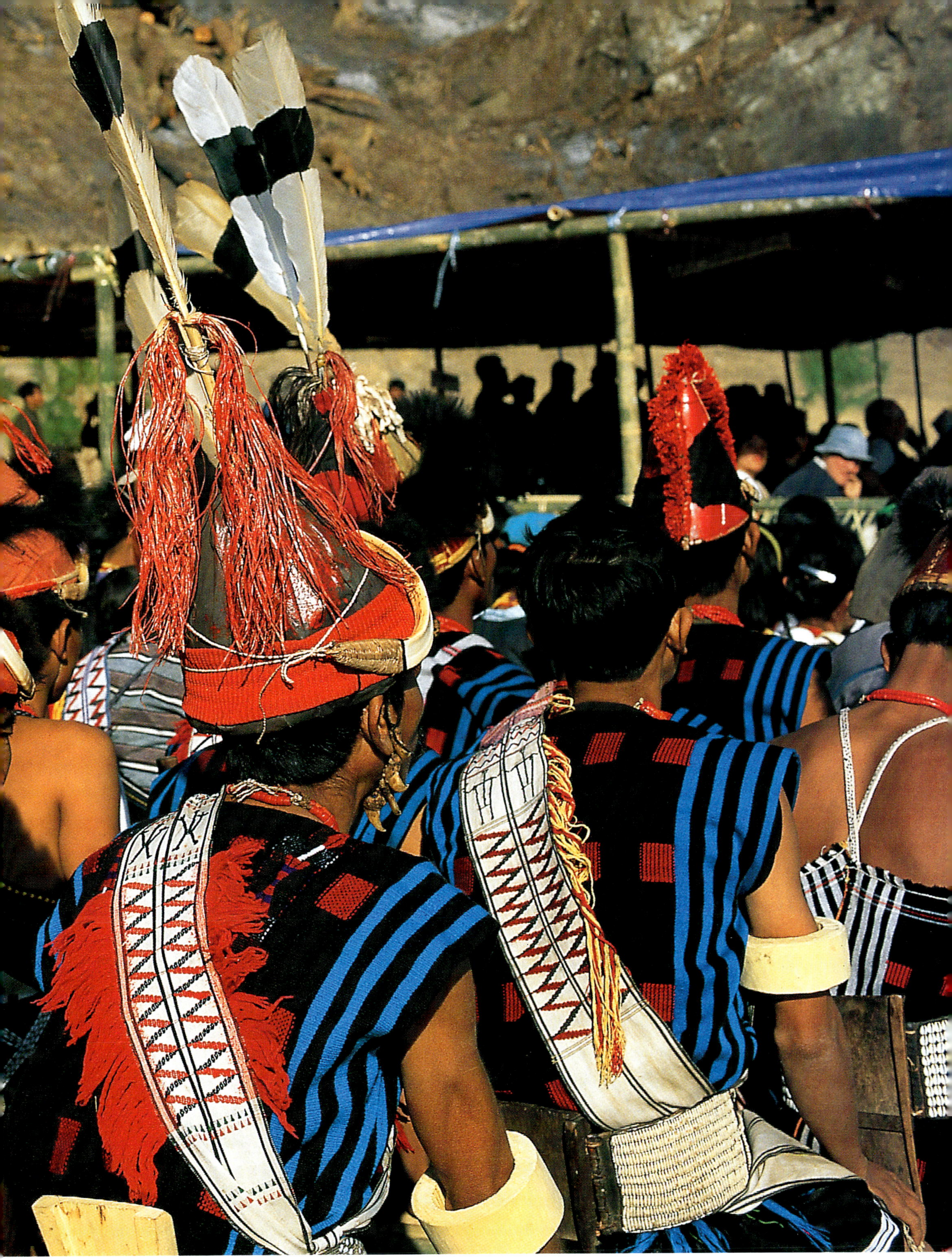

Bunt geschmückt sind sie alle,
und Muscheln sind ein Zeichen von Reichtum.

*They're all colourfully turned out,
and shells are a sign of wealth.*

Die kriegerische Vergangenheit lebt in den Zeremonien wieder auf.
Ein Teil unvergessener glanzvoller Zeiten.

*The warrior past lives again in the ceremonies.
Part of an unforgotten, glorious era.*

Rituelle Tänze – seit langer Zeit überliefert – lassen die
kriegerische Vergangenheit wieder aufleben.

*Ritual dances – passed down from times
gone by – reawaken the warrior past.*

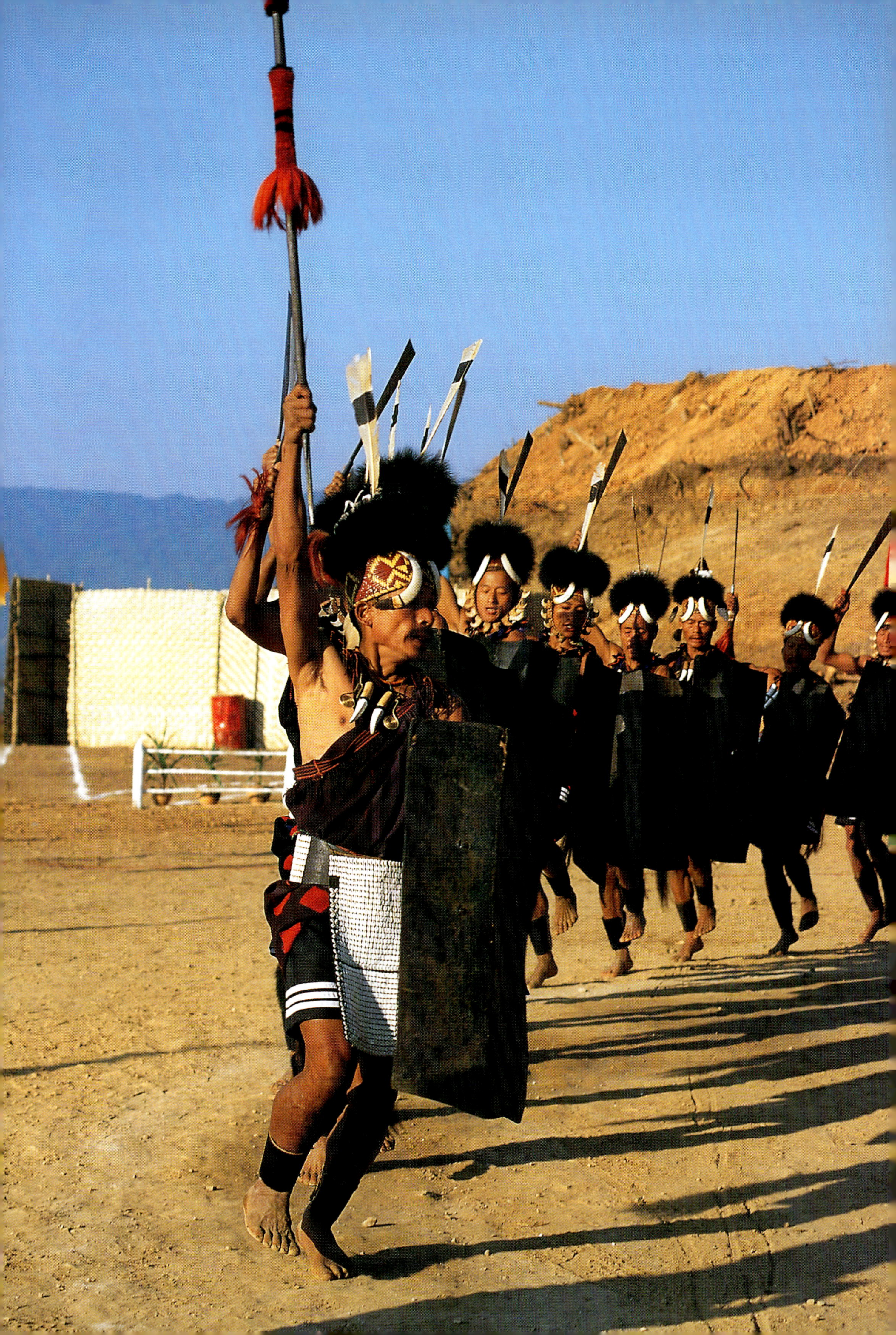

Der Stolz der Ahnen wird weiterhin gepflegt.
Ancestral pride is still encouraged.

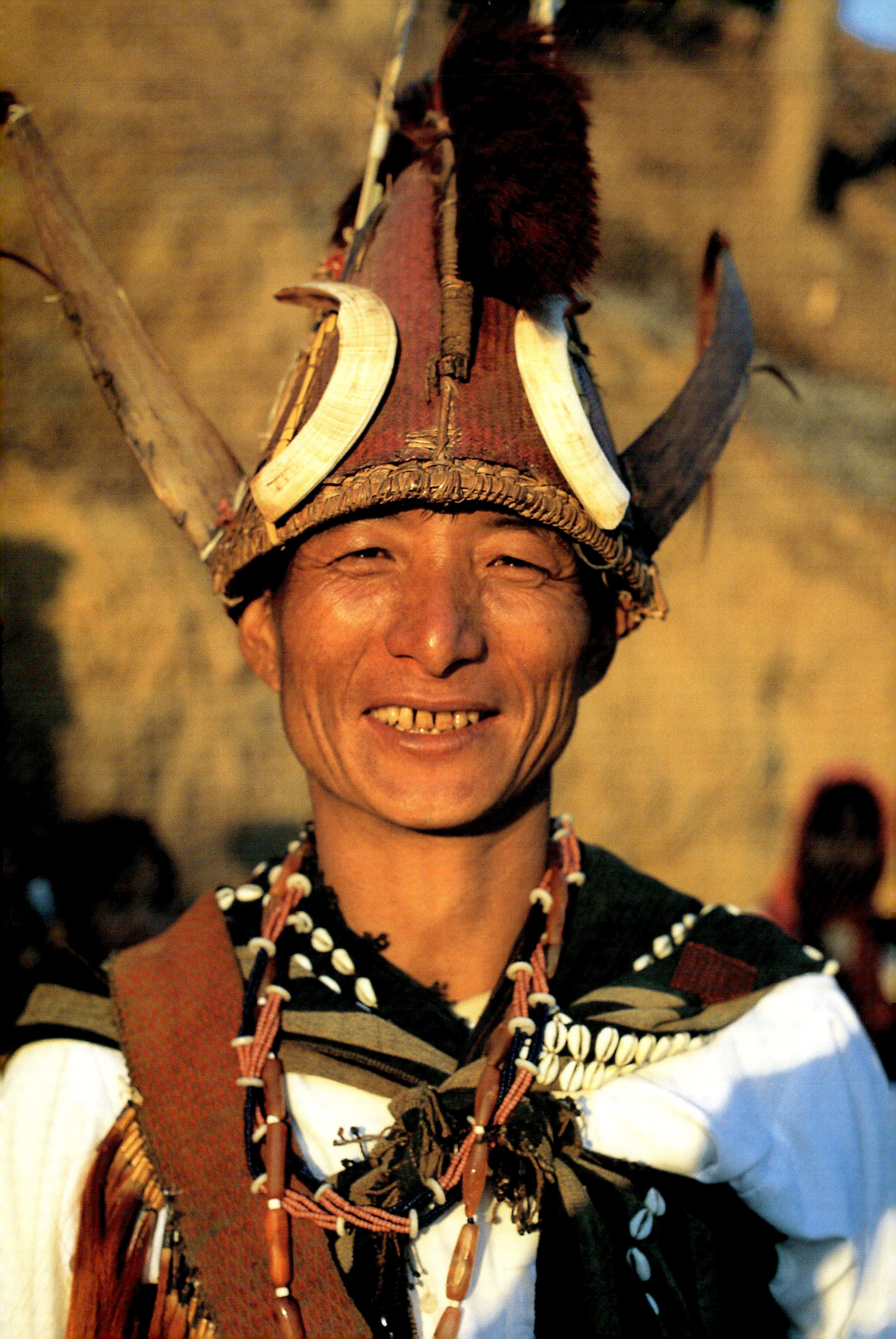

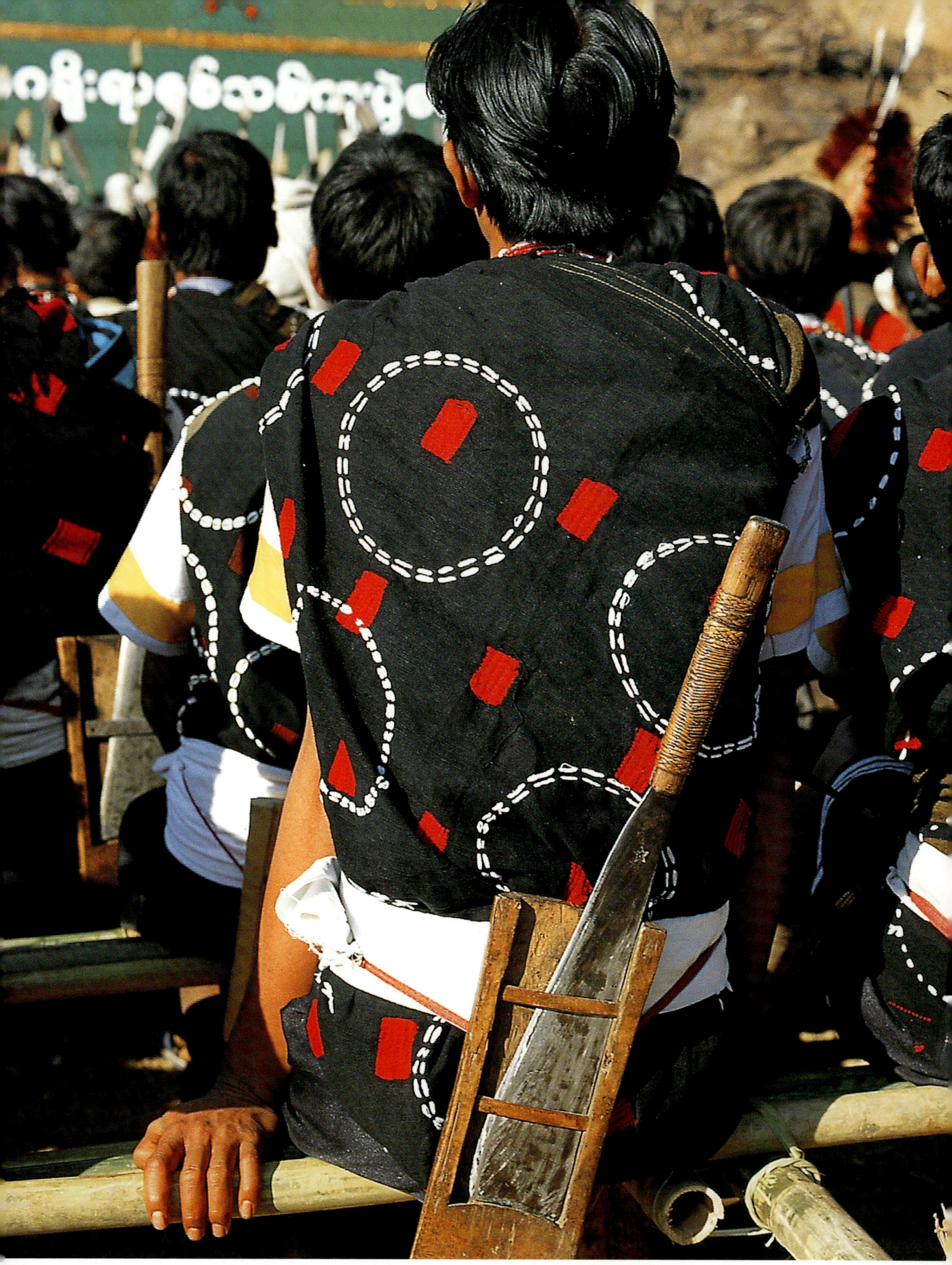

71

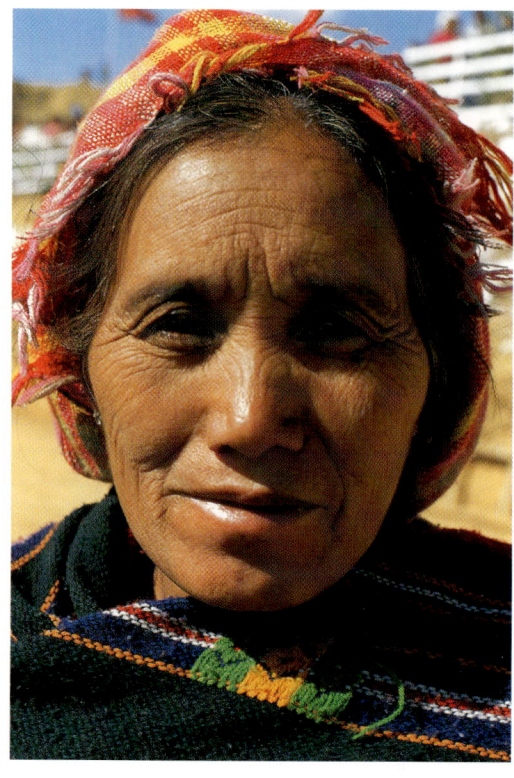

Die Frau sorgt für das Wohl der Familie. Die kleinen Kinder haben immer Körperkontakt. So können Lasten noch auf dem Kopf transportiert werden.

The woman cares for the welfare of the family. The small children have constant physical contact. Burdens can then be carried on the head.

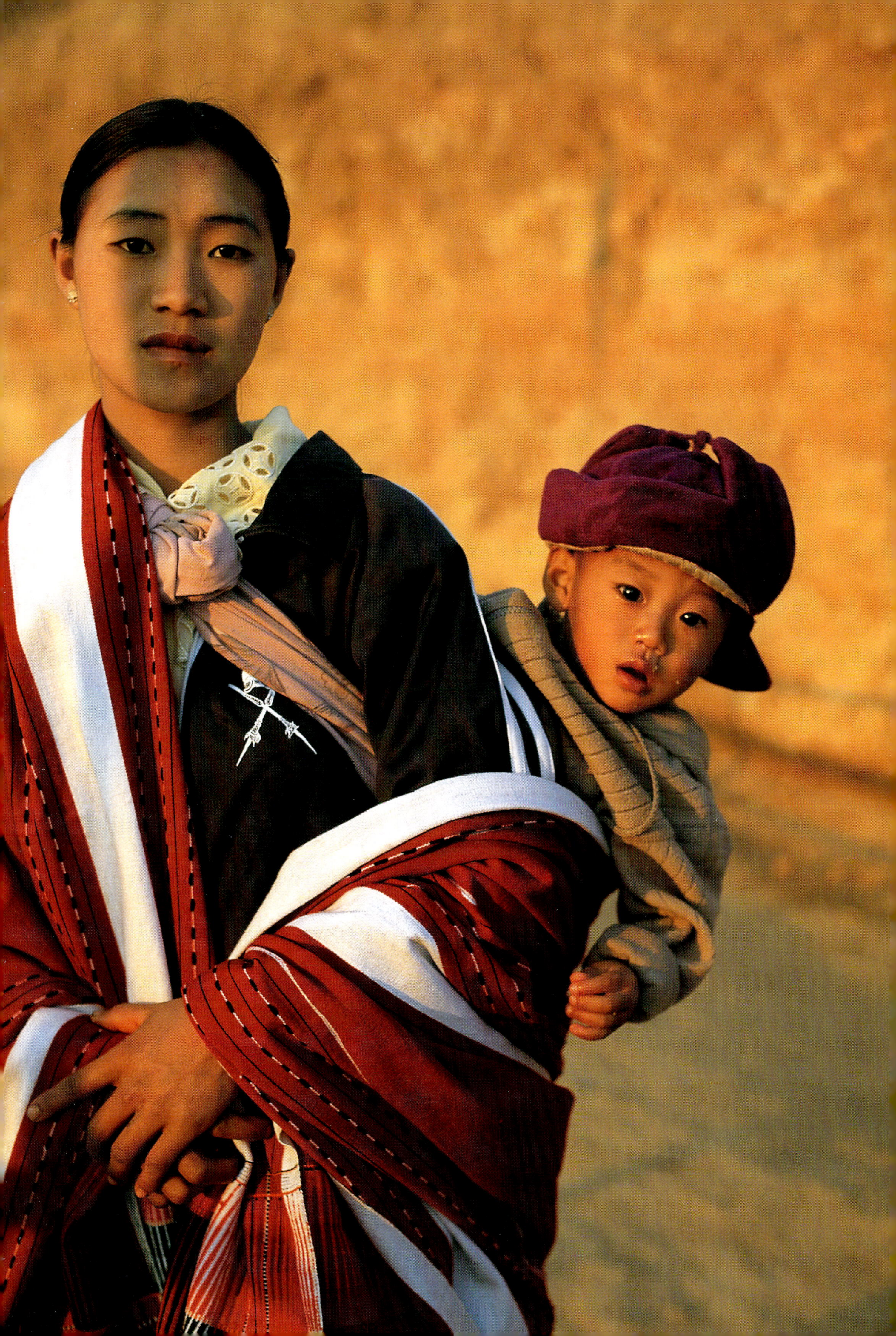

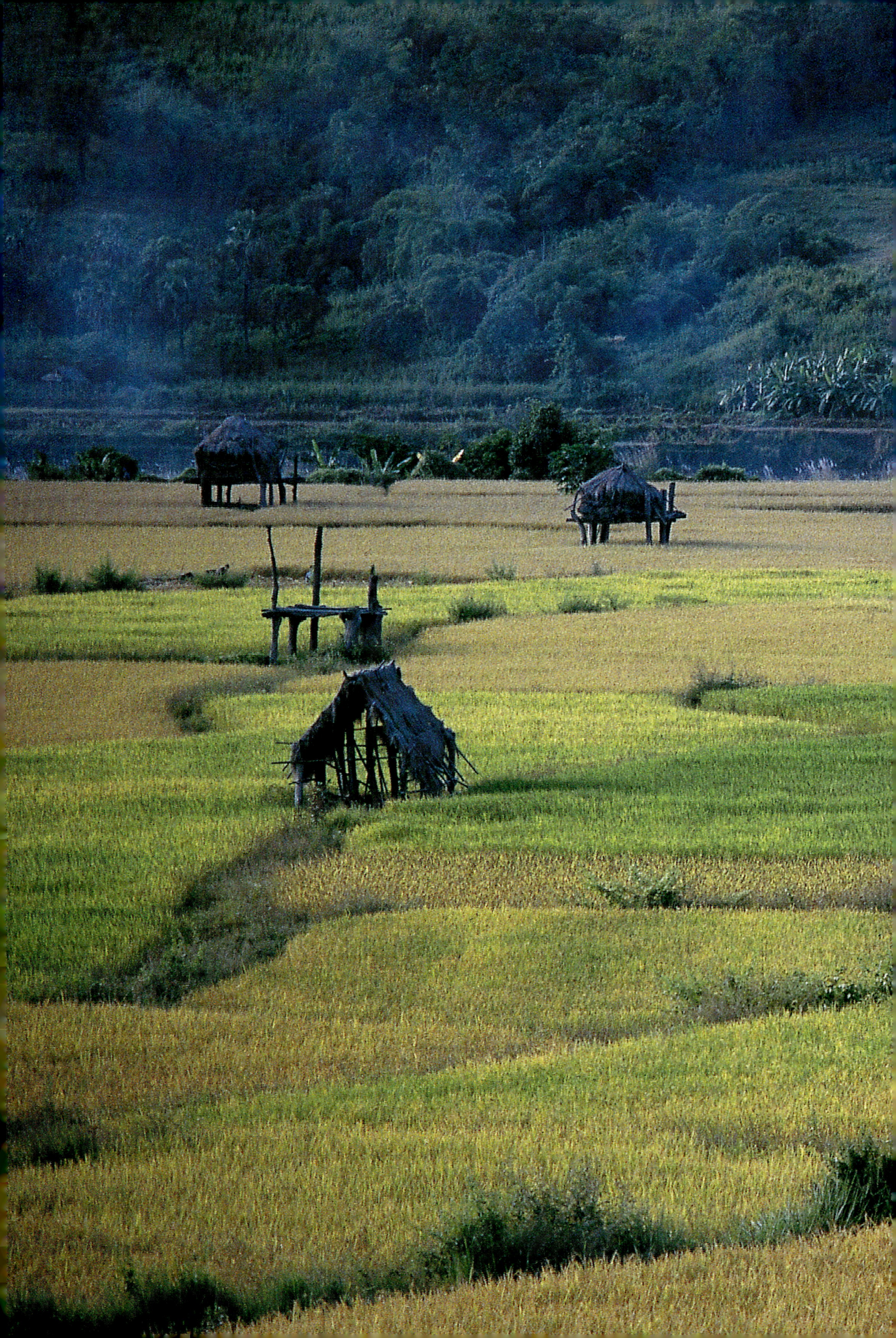

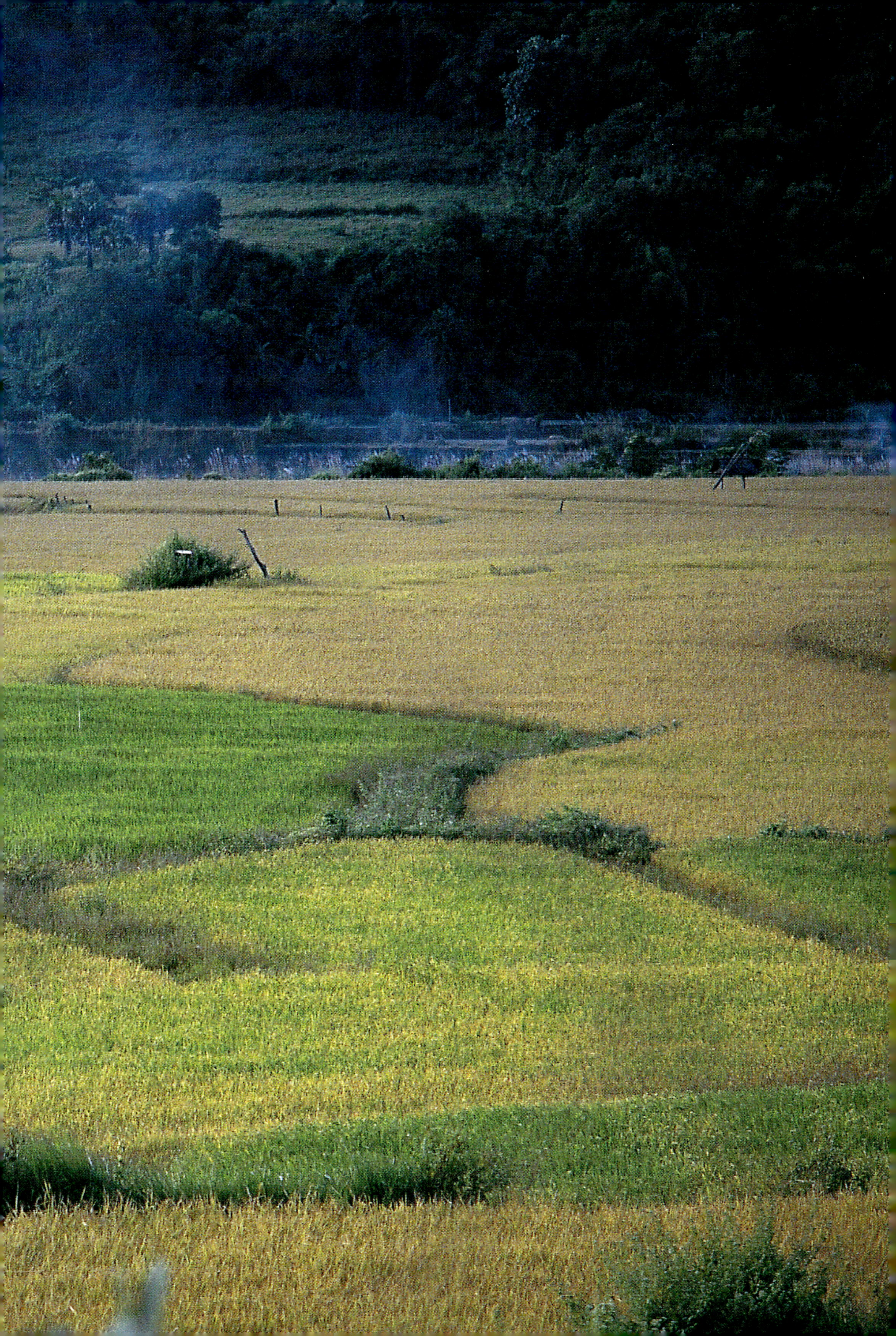

Reis – das allgegenwärtige Grundnahrungsmittel. Auch die
Chin ernähren sich hauptsächlich von der gesunden Pflanze.

*Rice – the ever-present basic foodstuff. The Chin also live
from the healthy crop.*

Kapitel drei
Chapter three

In den westlichen Bergen des Chin-Staates

In the western mountains of Chin State

Mandalay, Bagan, Mindat, Kampalet (Kanptelet)

Der Zauber tätowierter Frauen

Mein nächstes Ziel ist der Chin-Staat, besser gesagt, die Chin-Berge. Sie liegen im Westen von Mandalay und grenzen an Indien und Bangladesh, eine zerklüftete Landschaft von 1000 bis 3000 Meter hohen Bergen und tiefen Tälern.

Von Mandalay fliegen wir in den Süden nach Bagan. Dort helfen mir Freunde, zwei Jeeps, zwei Fahrer und eine Dolmetscherin zu organisieren. Zwei Jeeps aus Vorsicht und wegen unserer vielen Gepäckstücke. Wenn ein Jeep die Fahrt nicht durchhält, haben wir noch einen Ersatz. Das Wichtigste ist wie immer, dass wir genug Benzin dabei haben, dazu Proviant, ein Zelt, einen Kocher und genügend Decken. Proviant ist in diesem Fall besonders notwendig, weil die Chin in den kleinen Dörfern des bergigen Landes fast nichts verkaufen, da sie selbst keinen Überfluss haben. Es ist keine Unfreundlichkeit, nur wirft der karge Boden in der Regel nicht genug ab, dass auch Fremde noch verköstigt werden können. Die Berghänge werden mit Trockenreis, Mais und Hirse bepflanzt, auch wenn es in einigen Gegenden, vor allem in geschützten Tälern, Orangen- und Apfelhaine und Pinienwälder gibt. Die Chin sind autarke Selbstversorger. Außer den Grundnahrungsmitteln essen sie viel Gemüse und Tofu. Aber wir sind ja auch weitgehend autark und vorbereitet. Die Chin tragen die Wa-

The allure of the tattooed women

My next destination is Chin State – or, rather, the Chin mountains. They lie west of Mandalay and border on India and Bangladesh, a landscape of deep valleys and mountains up to 3,000 metres high.

We fly south from Mandalay to Bagan. There, friends help me to organize two jeeps with drivers and an interpreter. Two jeeps, to be on the safe side and because of our many pieces of luggage. And if one jeep doesn't make it, we have a spare vehicle. The most important thing, as always, is to make sure that we have enough petrol, as well as food, a tent, a stove and enough blankets. Food is particularly important, because the Chin living in the small mountain villages have almost nothing to sell, as they have no surplus of their own. This isn't because of lack of hospitality – the arid ground just doesn't normally provide enough to feed outside visitors as well. The mountain slopes are planted with dry rice, maize and grain, while in some areas, especially in protected valleys, there are orange and apple orchards and pine forests. The Chin are independently self-sufficient. Apart from basic foodstuffs, they eat a lot of vegetables and tofu. But our group is also to the most extent self-sufficient and prepared. The Chin carry their wares in baskets on their heads. Chin in the language of Myanmar means

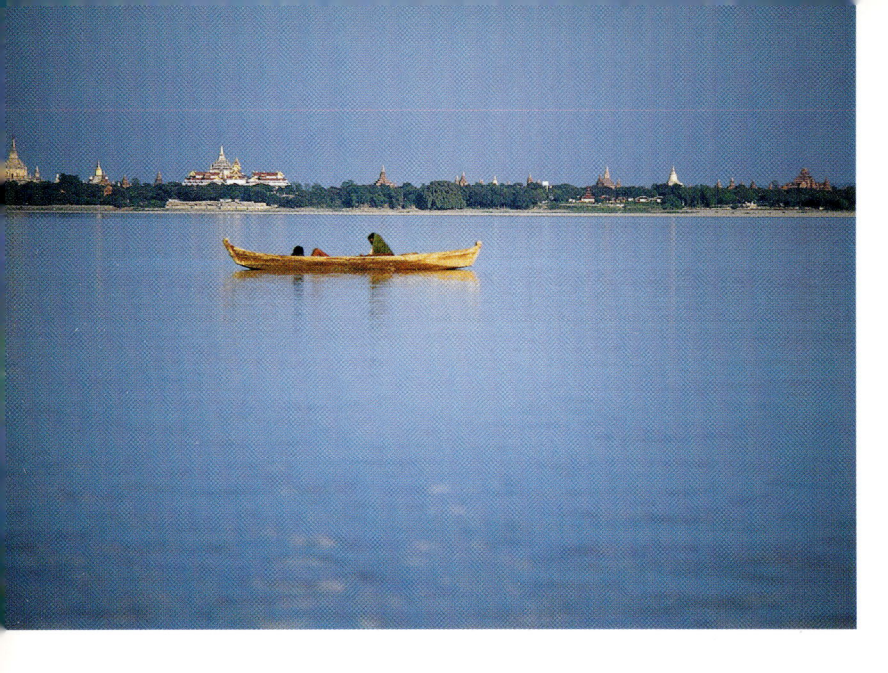

Von Bagan nach Kampalet mit dem Boot. Beschaulich und entspannend.
From Bagan to Kanpetlet by boat. A pleasant and relaxing trip.

Züge, öffentliche Verkehrsmittel, werden immer wichtiger für die Reisen durch das Land.
Trains, as public transport, are ever more important for travelling through the country.

ren in Körben auf dem Kopf. „Chin" bedeutet in der Sprache von Myanmar „Korb" und charakterisiert so die Menschen als „Korbträger".

Die Chin unterteilen sich in mehr als 40 Untergruppen, die sich durch Kleidung, Gebräuche und hauptsächlich durch ihre Tätowierungen aus Linien und Punkten im Gesicht unterscheiden. Die Tattoos hatten, historisch gesehen, einen wichtigen Grund. Vor etwa 1000 Jahren verbreitete sich die Sitte des Tätowierens, als fremde Stämme die Chins überfielen, um ihre Frauen als Sklavinnen zu halten, weil sie in ihren Augen so attraktiv waren. Aber nicht nur fremde Stämme waren eine Bedrohung. Auch der König hatte Gefallen an den Frauen der Chin gefunden und beorderte sie willkürlich in seinen Palast, um ihm gefügig zu sein. Die Frauen erfanden die List der Tätowierungen, um sich selbst als hässlich darzustellen, aber auch, damit ihre Männer sie wiedererkennen konnten, sollten sie doch gefangen genommen werden.

Heute ist die Tradition noch lebendig, doch benutzen junge Frauen immer häufiger „Tanaka", eine Paste aus der Rinde des Tanaka-Baumes, die auf einem Stein mit Wasser zerrieben wird. Tanaka wird heute in ganz Burma als schmückende Kosmetik und auch als kühlender Schutz gegen die starke Sonneneinstrahlung verwendet.

In einem kleinen Boot, einer Nussschale, überqueren wir von Bagan aus den Irrawaddy (Ayeryawady), um nach Kampalet (Kanptelet) in Richtung des Mount Victoria zu fahren. Der Berg ist mit über 3000 Meter Höhe die Attraktion im Nationalpark Natmataung.

"basket", and so the people are designated "basket carriers".

The Chin are divided into more than 40 subgroups, which are differentiated by their dress, customs and especially through the manner in which they tattoo their faces with formations of lines and dots. Historically, the tattoos had a special importance. The practice of tattooing took hold some 1,000 years ago, when outside tribes attacked the Chins, capturing their wives as slaves because of their beauty. But the threat came not only from foreign invaders. The king also took a fancy to Chin women and ordered them at will to join him in his palace, to serve him at his pleasure. The women came up with the scheme of tattooing in order to disfigure themselves, and also to enable their men folk to recognize them should they be captured.

The custom lives on today, although young women more often use "tanaka", a paste from the bark of the Tanaka tree, which is mixed with water and ground on a stone. Tanaka is now used throughout Burma as a cosmetic and also as protection against the strong rays of the sun.

In a small boat, little more than a nut shell, we cross the Irrawaddy (Ayeryawaddy) from Bagan, and head for Kampalet (Kanpetlet) in the direction of Mount Victoria. The 3,000 metre mountain is the chief attraction of Natmataung National Park. Kam-

Der Gurt um den Kopf hält die Last auf dem Rücken. Ob leichte oder schwere Ware, der Gurt bestimmt, wie viel getragen werden kann.
The belt around the head holds the load on the back. Whether light or heavy loads, the belt determines how much can be carried.

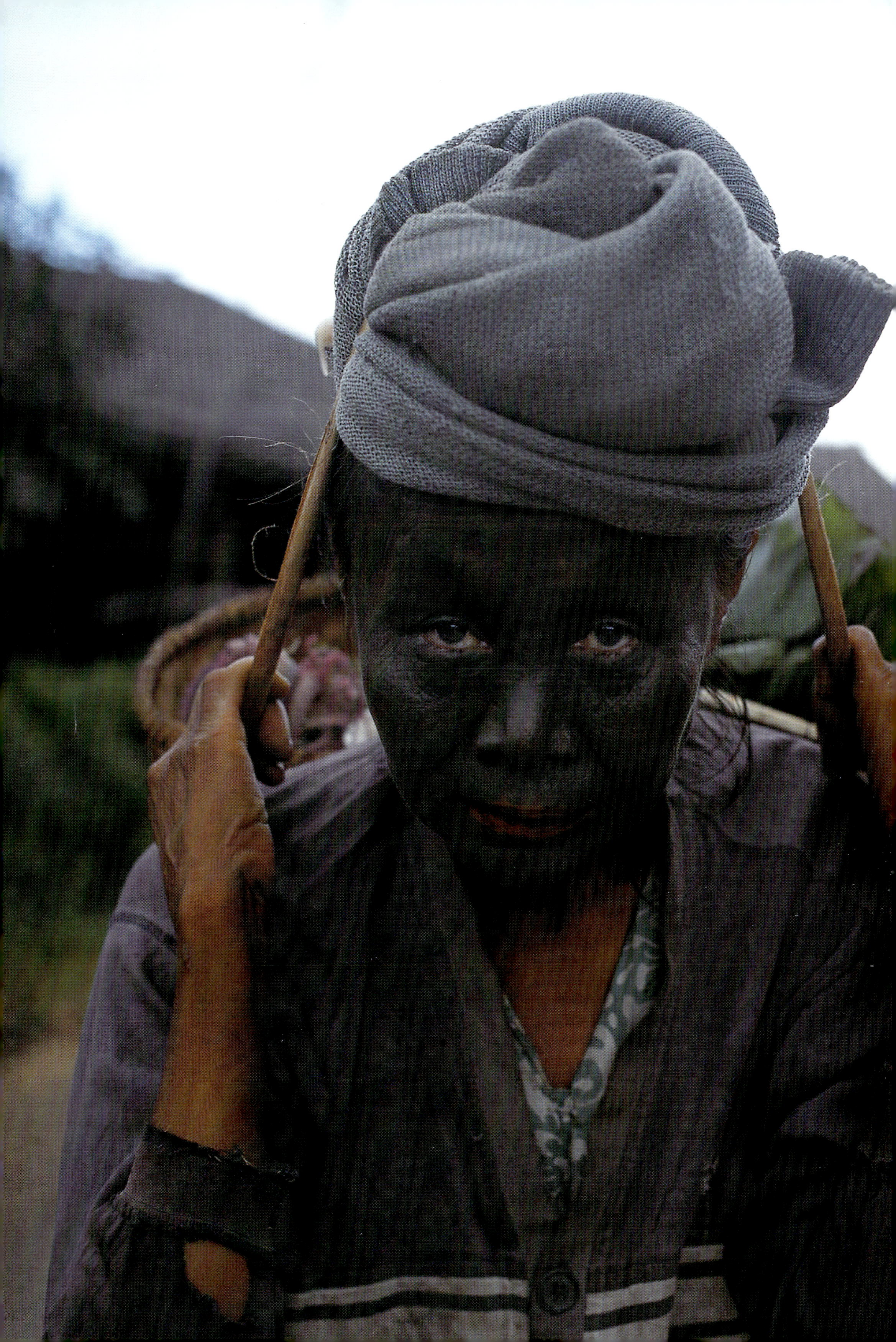

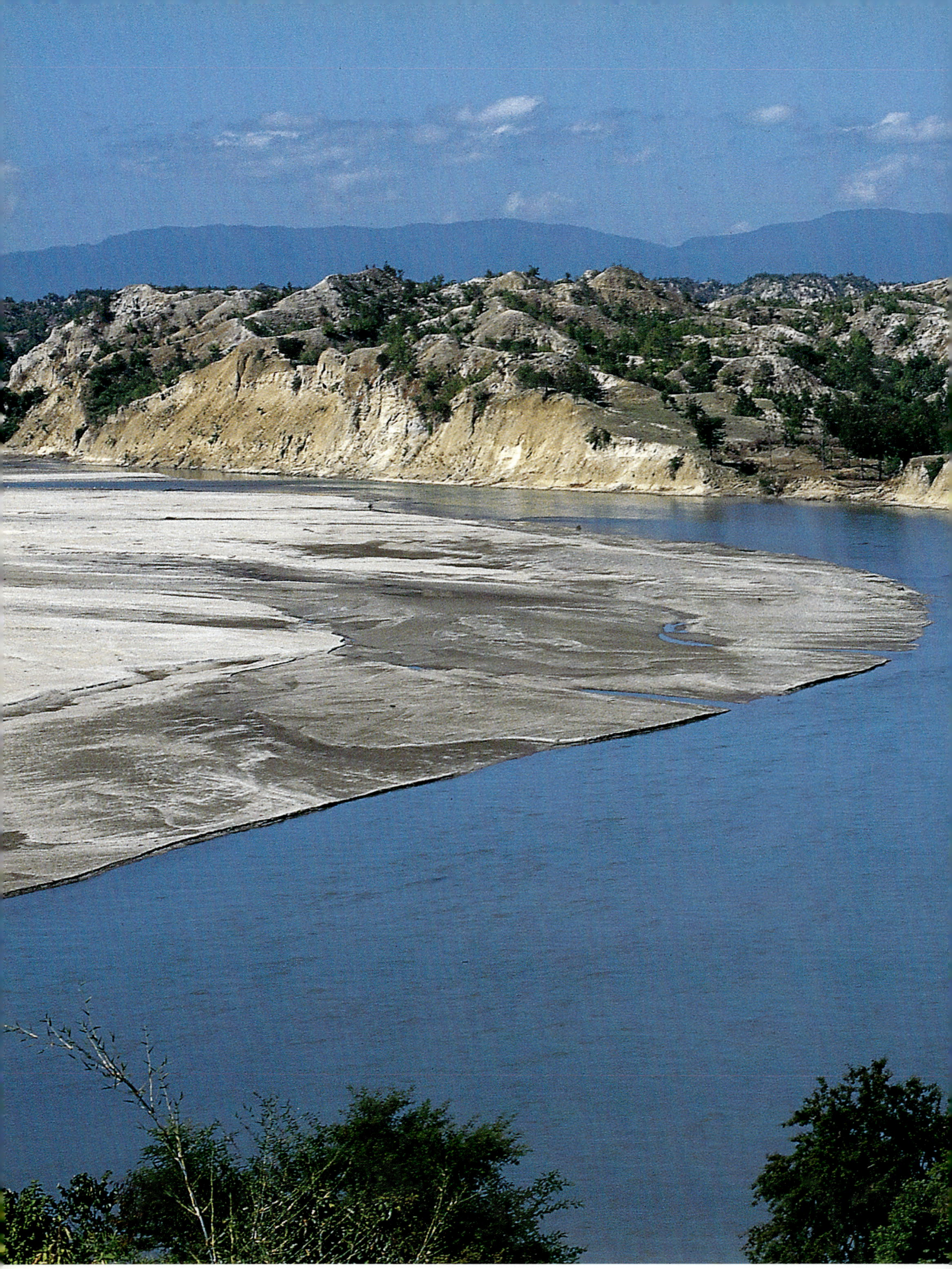

Entlang des Flusses – serpentinenartig, so fahren wir den Weg nach Kampalet.

Alongside the river – a serpentine route, which we take to Kampalet.

Am Horizont liegt Kampalet. Eingebettet in die immergrüne Dschungellandschaft war es bereits zurzeit der Engländer ein beliebter Erholungsort.

Kampalet lies on the horizon. Embedded in the evergreen jungle landscape, it was already a favourite resort town in the days of English colonialism.

Kampalet (Kanptelet) ist ein Ausgangspunkt zum Mount Victoria. Das Städtchen liegt auf 1400 Meter Höhe und ist etwa 24 Kilometer vom Mount Victoria entfernt. Im Nationalpark gibt es noch eine Reihe seltener Tiere und Pflanzen, zum Beispiel Leoparden, Tiger und Bären, aber der Nationalpark ist vor allem für Vogelliebhaber, Ornithologen, interessant. Über 160 Vogelarten, davon einige, die es nur hier gibt, werden jeden, der die Geduld hat, die Vögel zu beobachten, faszinieren. Orchideen gehören zur heimischen Vegetation.

Doch um dahinzukommen, muss man einige Strapazen auf sich nehmen. Richtige Straßen sind selten, nur Jeeps helfen da weiter. Und obwohl Trockenzeit ist, kommen wir nur langsam und mühsam vorwärts. Die Berge mit ihren steinigen Wegen, Flüsse und Bäche machen unsere Fahrt immer beschwerlicher. Ein stecken gebliebenes Fahrzeug wird von Lastkraftwagen aus den Flüssen gezogen. So ergeht es uns auch. Mehrfach müssen die Männer vorlaufen, um

Die Verbundenheit von Müttern und Kindern hält ein Leben lang. Die Kinder werden geliebt und nur schwer losgelassen.

The close relationship between a mother and her children is life-long. The children are loved and sadly let loose into the outside world.

palat (Kanpetlet) is the gateway to Mount Victoria. The small town lies at a height of 1,400 metres and is about 24 kilometres from Mount Victoria. Rare species of flora and fauna are to be found in the park – leopards, tigers and bears, for instance – but it's chiefly of interest to ornithologists and bird-watchers. More than 160 species of birds are to be found here, some of them unique to this region, a fascinating attraction to those with the patience to observe them. Orchids grow wild in the park.

To get there, however, the traveller has to endure some tough going. Proper roads are a rare occurrence, only jeeps get through. And although it's the dry season we proceed slowly and with difficulty. The mountains with their stony paths, rivers and streams make our journey ever more difficult. Trucks are called on to pull stuck vehicles out of rivers. That happens to us, too. Men are frequently sent ahead to check the river beds. Rocks and stones lie in our way. Stones, sand and gravel are real traps for the tires. We frequently have to join in and push. Once we get well and truly

Eine Phalanx von Buddhas säumt den Weg zur Pagode.

A phalanx of Buddhas lines the way to the pagoda.

Natur gegen Technik. Wo die Technik versagt, können die Wasserbüffel ohne Weiteres noch ihren Weg zurücklegen.
Nature versus technology. When technology fails, the water buffalo can carry on without problem.

zu sehen, wie das Flussbett aussieht. Steine liegen im Weg. Schotter, Sand und Kies sind richtige Fallen für die Reifen. Oft müssen wir alle ran und schieben. Einmal bleiben wir total stecken. Zum Glück war ein Lastkraftwagen auf der anderen Seite, der uns herausziehen konnte.

Außerhalb der Trockenzeit wäre die Tour gar nicht möglich gewesen. Aus Sicherheitsgründen sind noch weite Teile des Landes für ausländische Besucher gesperrt. Das wird sich ändern, wenn die Erschließung durch Straßen weiter fortgeschritten ist. Auch wir müssen in den Dörfern bei der Ein- und Ausreise immer wieder dem Militär unsere Erlaubnis vorzeigen, um die Strecke befahren zu dürfen. So will man gewährleisten, dass zum Beispiel Fremde, die auf Bergtouren und bei Flussüberquerungen in Schwierigkeiten geraten, leichter ausfindig gemacht werden können.

Trotz aller Mühen erreichen wir unbeschadet Kampalet (Kanptelet).

stuck. Fortunately, a truck was on the other side of the river and was able to drag us out. At any other time but the dry season our tour would have been impossible. Large areas are out of bounds to foreign visitors for security reasons. That will change when the road network improves. In order to drive in this region, we have to show our permits to the military when entering and leaving the villages. In this way, foreign travellers who get into difficulties in the mountains or in crossing the rivers can be sure of being found easier. Despite the difficulties, we reach Kampalet (Kanptelet) unscathed.

Bei den Chin in den abgeschiedenen und dünn besiedelten westlichen Bergen.
With the Chin. In the remote and thinly-populated western mountains.

84

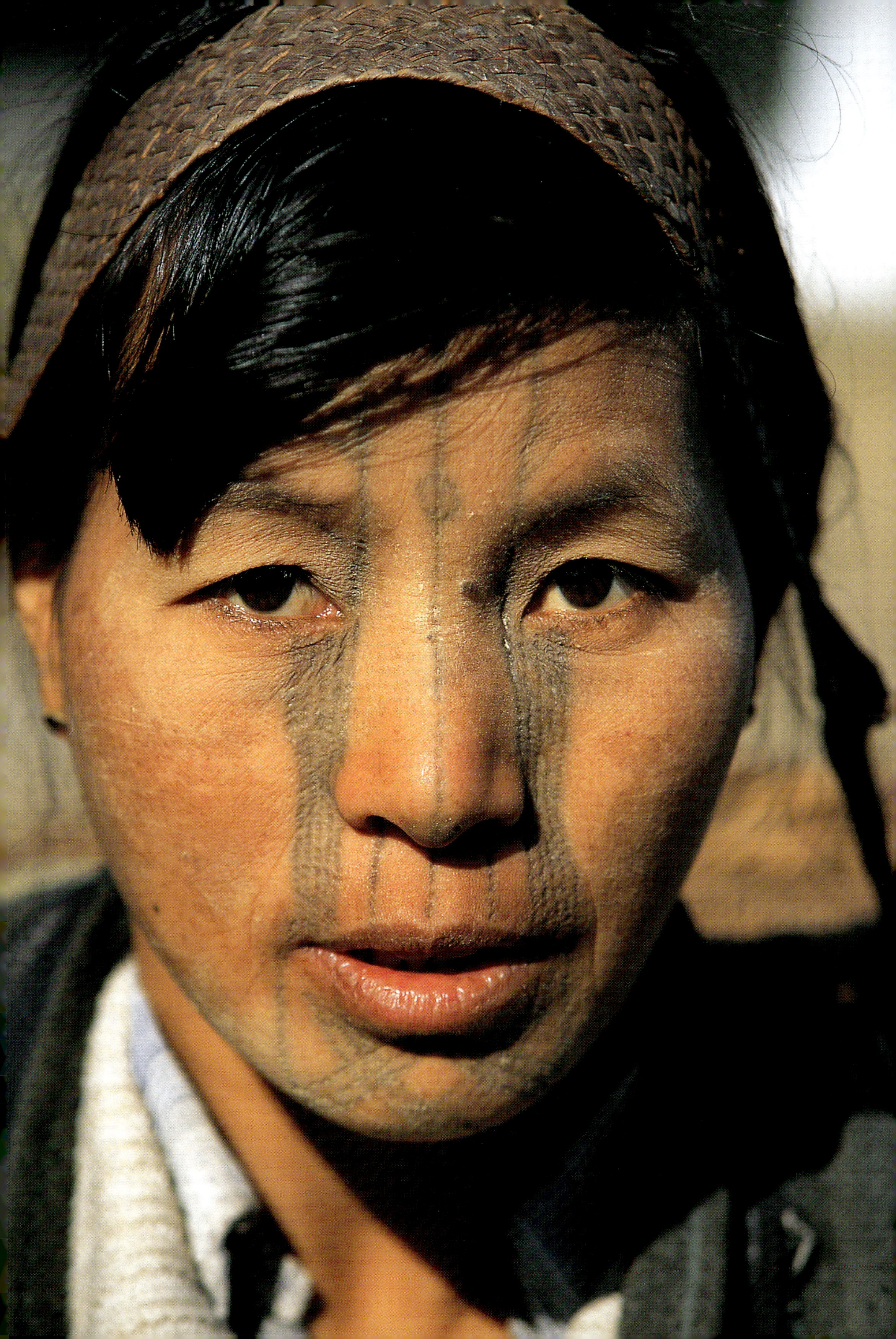

Häuser im Grünen. Wer so wohnt, kann sich im Einklang mit der Natur und dem Leben fühlen.

Homes in the green countyside. Whoever lives here can truly feel at home with nature.

Selbstständig und unabhängig sein – das bedeutet den Chin viel. So weben sie auch ihre Kleider meistens selbst.

To be self-sufficient and independent means a lot to the Chin. Thus they mostly weave their clothes themselves.

Auch die Kleinsten helfen schon in der Familie mit.
Even the smallest help out in the family.

Damit der nächste Fang ein Erfolg wird, müssen die Netze gepflegt werden. Die Krabben dürfen nicht durch die kleinste Masche entwischen können.
In order to ensure that the next catch is successful, the nets have to be repaired. The shrimps must not be allowed to escape through the small mesh.

Sojabohnen sind neben Reis ein Grundnahrungsmittel der Burmesen. Sie trocknen und werden dann weiterverarbeitet, zum Beispiel zu Tofu.
Soya beans – together with rice, a basic foodstuff of the Burmese. They are dried and then prepared, into tofu, for example.

Der alltägliche Gang, wenn geerntet werden kann. Auch das ist Arbeit für die Frauen. Die Familie ist abhängig von ihnen.
The daily task at harvest time. This is also women's work. The family depends on them.

Das Messer ist scharf, der Jäger ist mutig und selbstbewusst. Er weiß, die Beute wird ihm nicht entkommen.
The knife is sharp, the hunter is brave and confident. He knows the prey won't escape him.

Feuerholz – damit der Kamin in den kalten Nächten der Chin-Berge nicht ausgeht.
Firewood, so that the hearth doesn't lose its heat in the cold nights of the Chin mountains.

Wildschweinzähne – sie sind nicht nur Schmuck, sondern auch Zeichen von Reichtum und Jägerkunst.
Wild boar's teeth – they're not only decoration but also a sign of wealth and hunting prowess.

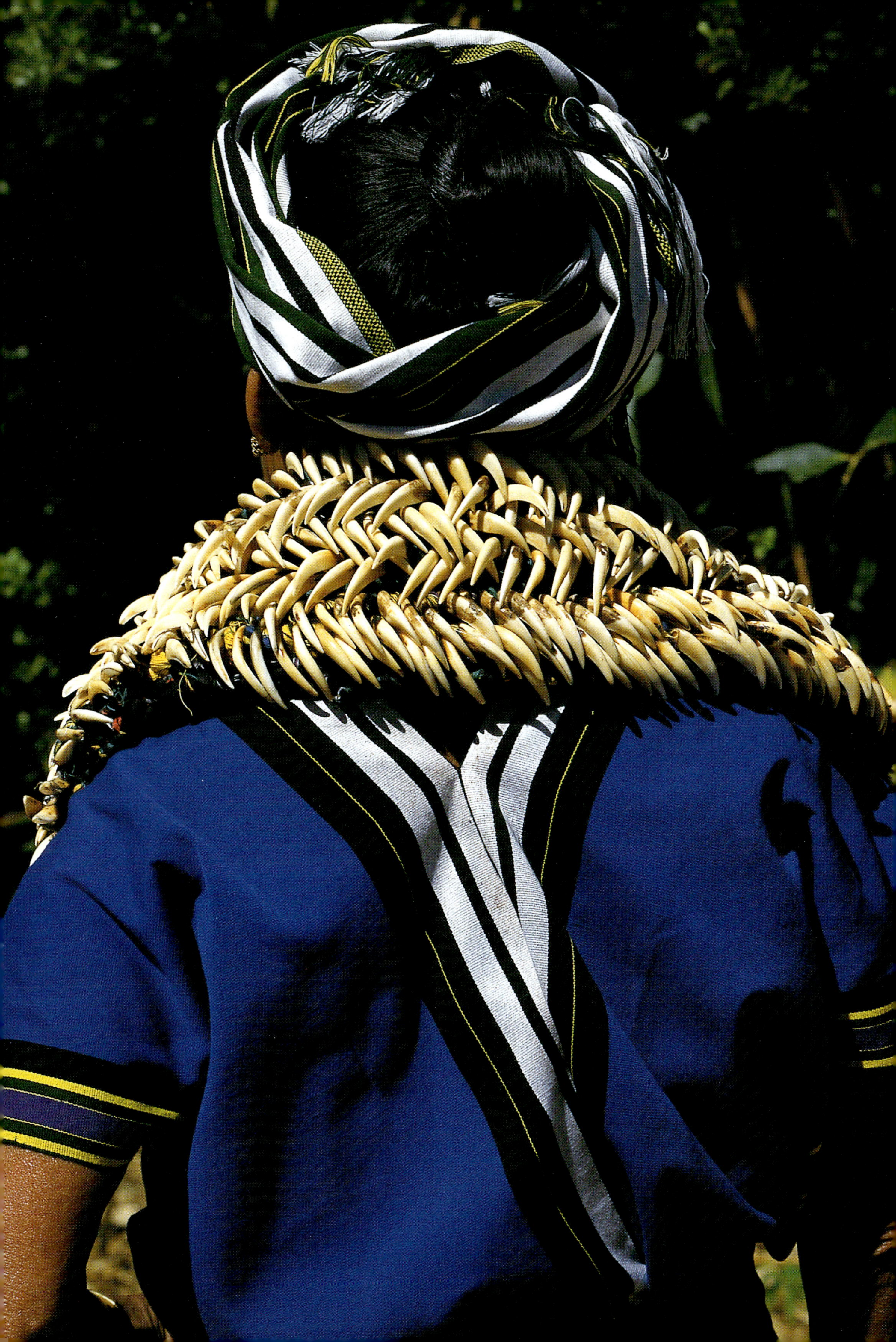

Das Alter spielt keine Rolle. Auch in jungen Jahren kann man schon die Weisheit und Erfahrenheit der Alten haben. Tiefe Einsicht ins Leben.

Age plays no role. One can possess the wisdom and experience of older people even in younger years. A deep look into life.

Hier werden wir unerwartet zu einer Beerdigungszeremonie eingeladen. Alle Frauen und Männer sind festlich gekleidet – einzigartig in ihren unterschiedlichen Kostümen und Tätowierungen. Familie und Freunde sind eingeladen. In den Dörfern nimmt die ganze Gemeinschaft an solchen Zeremonien teil. Musik begleitet die Feier die ganze Zeit. Die Musik hat für mich eher fröhlichen Charakter, es sind keine schweren Trauergesänge. Hintergrund, so denke ich mir, ist wohl der unerschütterliche Glaube an ein Leben nach dem Tode und eine Wiedergeburt in ein besseres Leben. Selbst gemachter Wein und Essen werden gereicht, aber wir müssen nach einigen Stunden weiter. Für mich ist es ein unvergessliches Erlebnis, dass mir ein tiefer Blick in die Seele der Chin-Burmesen geschenkt wurde.

Zurück geht es über Mindat. Wir können einige Familien besuchen; sie zeigen uns ihre Kostüme und Decken, die sie selber hergestellt haben. Immer werden wir freundlich zu Tee, Nüssen und Sonnenblumenkernen eingeladen. Das erfüllt meinen Wunsch, das Landleben und die Leute kennen zu lernen. Wir übernachten in einem einfachen Militärgästehaus, bevor unsere Fahrt wieder in Richtung Bagan geht.

Das Ei, Symbol der Geburt und der Wiedergeburt. Ein grundlegendes Element jeder Begräbniszeremonie. Die nächste Stufe der Entwicklung kann beginnen.

The egg, symbol of birth and rebirth. A basic element of every funeral ceremony. The next stage of development can begin.

Here we're invited unexpectedly to a funeral ceremony. All the men and women are in festive dress, in their different costumes, and tattooed. In the villages, the entire community participates in such ceremonies. Music accompanies the proceedings the whole time. I find the music has a joyous character, devoid of solemn dirges. The reason for this, I believe, is the unshakeable belief in a life after death and the rebirth into a better life. Food and home-made wine are served to all, but after a few hours we have to be on our way. For me, this was an unforgettable experience which allowed me a deep look into the Chin-Burmese soul.

The way back passes through Mindat. We are able to visit some families, and they show us their costumes and blankets which they made themselves. Everywhere, we're invited hospitably to tea, served with nuts and sunflower seeds. My need to get to know country life and country people is satisfied. We stay overnight in a simple military guesthouse before embarking on our journey in the direction of Bagan.

Beerdigungen sind keine Trauerfeiern wie bei uns. Denn für die Buddhisten geht das Leben nach dem Tode weiter. Die Gäste der Beerdigungszeremonie schmücken sich zu Ehren des Verstorbenen. Sie geben ihm die letzte Ehre bei einer kleinen Vesper.

Funerals aren't the solemn occasions that we know in the West. Buddhists believe that life goes on after death. The guests at a funeral ceremony decorate themselves in honour of the deceased. They pay tribute to him or her at a final wake.

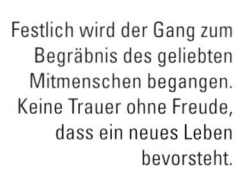

Festlich wird der Gang zum Begräbnis des geliebten Mitmenschen begangen. Keine Trauer ohne Freude, dass ein neues Leben bevorsteht.

The route to the funeral of a loved one is a festive occasion. No mourning without an accompanying joy that a new life is about to begin.

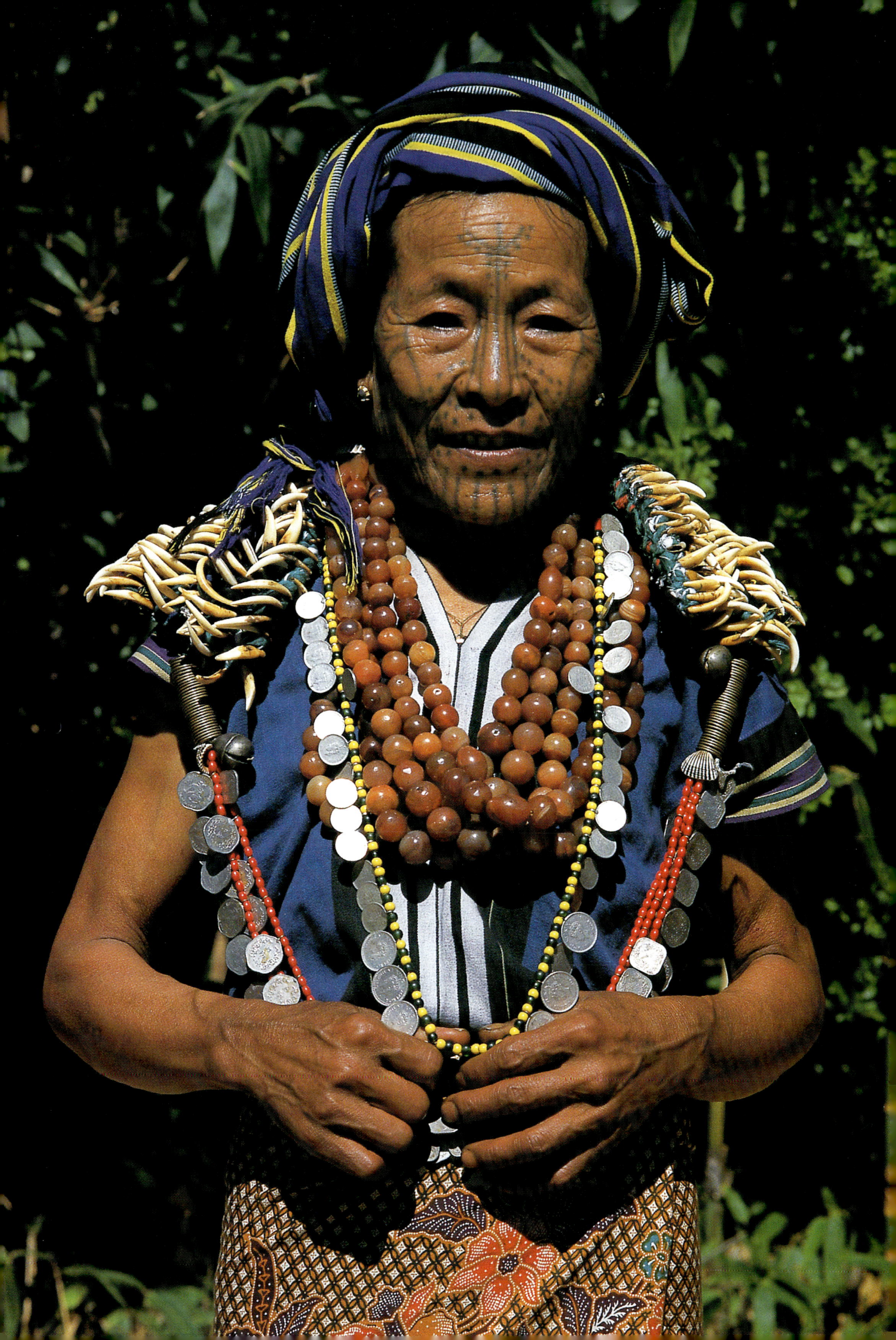

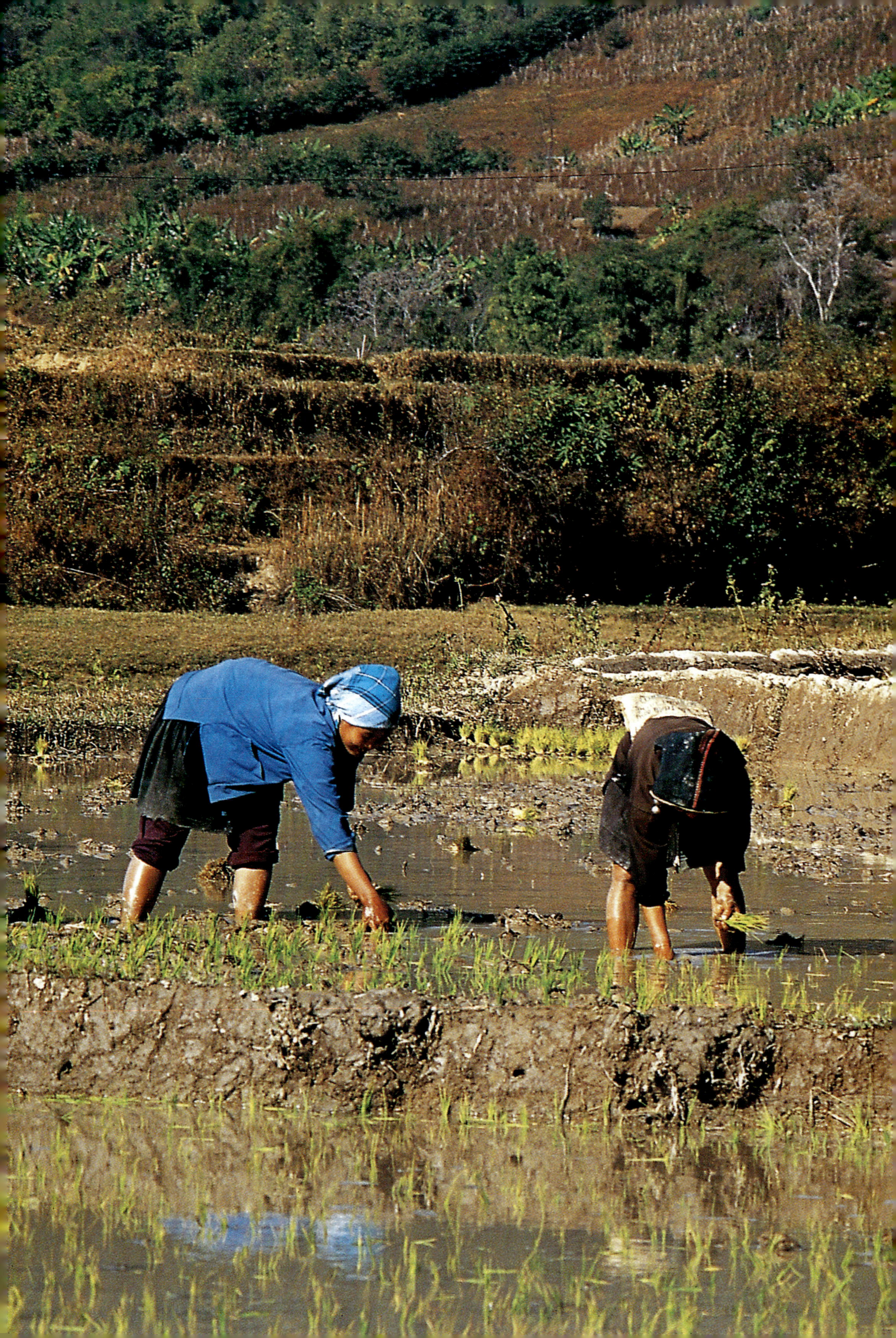

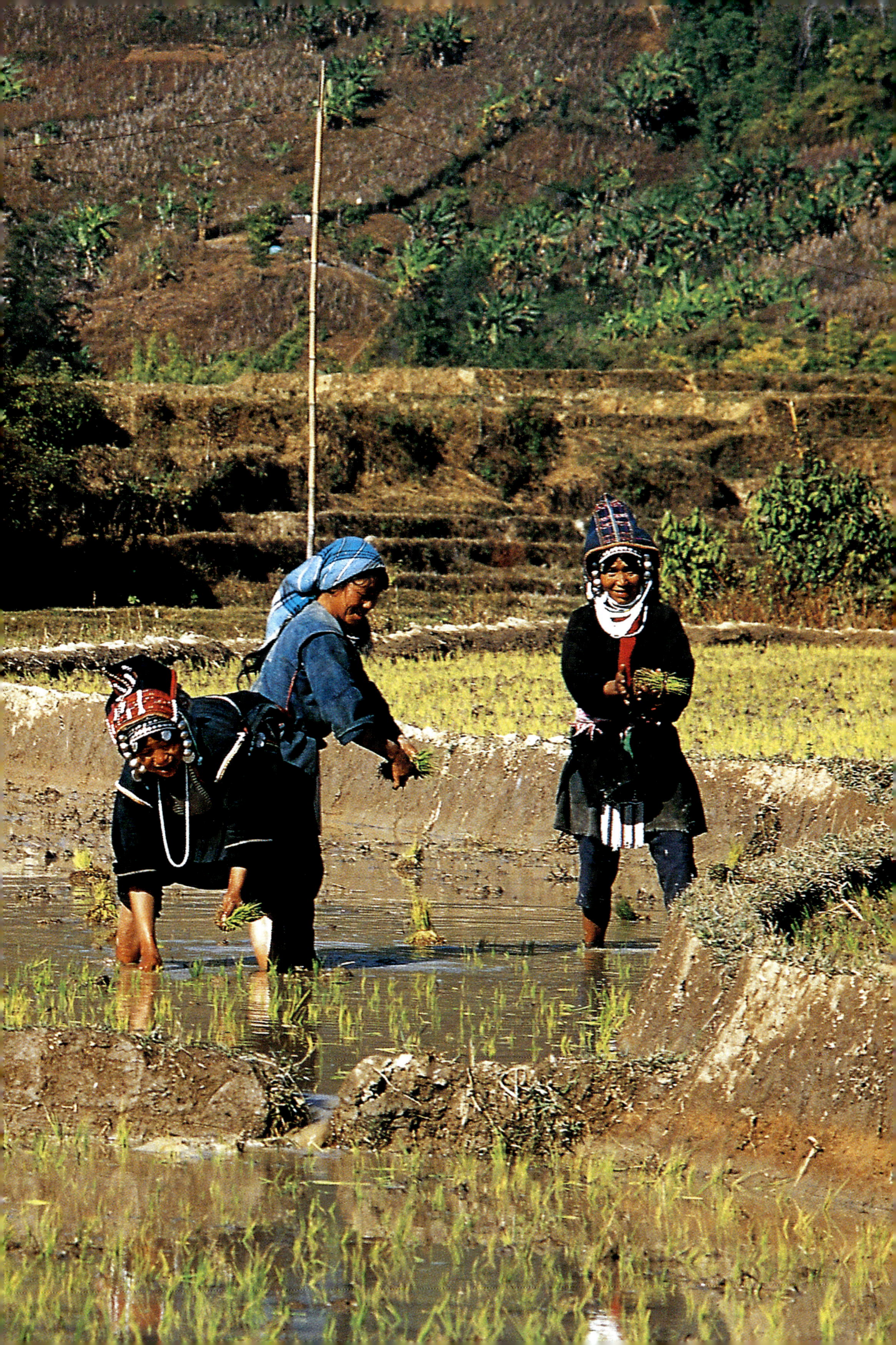

Auch beim Reissetzen sind es immer die Frauen, die sich um
die Pflanzen kümmern. Reissetzen – eine mühsame Arbeit.

Rice planting is also a task exclusively for the women.
Rice planting – a hard job.

Kapitel vier
Chapter four

Im östlichen Bergland des Shan-Staates

In the eastern mountains of Shan State

Kengtung (Kyaintong)

Die Ursprünglichkeit dörflicher Minderheiten

Burma ist flächenmäßig etwa doppelt so groß wie Deutschland. Und die meisten Wege sind nur mit Vorsicht und Vorbehalt zu befahren. Deshalb spielt das Fliegen eine große Rolle. Wenn man zum Beispiel nach Kengtung (Kyaintong) im Osten des Shan-Staates will, bleibt einem kaum eine andere Möglichkeit als zu fliegen. Das habe ich dann auch gemacht, denn diese Gegend abseits ausgetretener Pfade wollte ich mir natürlich nicht entgehen lassen.

Der Osten des Shan-Staates liegt ziemlich abgeschirmt hinter einem 2000 Meter hohen Bergrücken. Von Kengtung (Kyaintong) ausgehend, will ich in die abgelegenen Dörfer, in denen zahlreiche Minderheiten leben, wie die Akha, die Wa, die Palaung, die Enn und andere. Am besten kommt man per Trekking mit einem Jeep und einem Führer entlang vieler Reisfelder auf Bergpfaden in die kleinen Gemeinden. Die Einwohner sind noch immer nicht an ausländische Gäste gewöhnt, auch wenn schon manche Trekkingtouren dorthin stattfinden. Fremde werden in der Regel freundlich, aber zurückhaltend empfangen, bis die Einheimischen merken, dass man ihnen und ihren Bräuchen den gebührenden Respekt zollt.

The original character of the rural minorities

Burma is about double the size of Germany. And most of its roads have to be travelled with care and caution. Air transport therefore plays a big role. If one wants to travel to Kengtung (Kyaintong) in eastern Shan State, for example, there's practically no alternative than flying there. So this is what I did, for I didn't want to miss visiting this off-the-beaten-track region. Eastern Shan State lies relatively cut off, behind a 2,000 metre mountain range. Starting out from Kengtung (Kyaintong), I want to visit the remote villages where many minorities live, such as the Akha, the Wa, the Palaung and the Enn. The best way to the villages is by jeep, along mountain trails, through rice paddies. The inhabitants are still not used to foreign guests, even though many trekking tours pass through there. Strangers are as a rule treated in a friendly although reticent way, until the local people realize that they and their customs are being treated with respect. I know the ways of these shy people. Not all of them like to be photographed without permission. I am offered hot, tasty tea as a welcome drink. Sunflower and pumpkin seeds, nuts, all from

Ein Akha-Dorf mit den typischen
tief herabgezogenen Dächern.
An Akha village with typical, low-eaved roofs.

Ich kenne die Gewohnheiten der scheuen Völker. Nicht jeder lässt sich gerne ungefragt ablichten. Als Willkommensgruß wird mir heißer, wohl schmeckender Tee angeboten. Sonnenblumen- und Kürbiskerne, Nüsse, alles aus der eigenen kargen Ernte. Meine Kamera lasse ich vorerst in der Tasche. Ich erwidere die Gastfreundschaft, genieße die Teezeremonie, lasse immer wieder durchblicken, dass ich das Land liebe und Fotos mache. Die Kinder sind immer begierig darauf, fotografiert zu werden. Also konzentriere ich mich auf sie. Meine Tasche mit dem Fotoapparat wird zum geheimen Schatztresor. Die Neugierde wächst, und schließlich muss ich den Tresor öffnen und die Kamera herausholen. Ich lasse die Kinder einen Blick in die Wunderwelt der Kamera tun, die Spannung wächst. Auch die Erwachsenen zeigen jetzt offen ihr Interesse und ihre Neugier.

Kinder sind der Familie höchstes Gut. Große unschuldige Augen lassen einen Blick in die Seele zu.
Children are a family's most treasured possession. Large, innocent eyes open a window to the soul.

their meagre harvest. At first my camera stays in its bag. I acknowledge the hospitality, enjoy the tea ceremony, make constantly clear that I love this country and want to take pictures of it. The children are always keen to be photographed. So I concentrate on them. My bag with its camera equipment becomes a secret treasure chest. The curiosity grows, and eventually I have to open the chest and take out the camera. I give the children a glance into the wonderland of the camera, the tension grows. The adults also now show their interest and curiosity.

Auch die Kleinsten werden fein herausgeputzt.

Here, even the smallest are finely turned out.

Die Mutter trägt Sorge für ihre Kinder, bis sie das Haus verlassen.

The mother occupies herself with the children until they leave the home.

Eine Frau aus dem Volk der Palaung.
Auch dieser Stamm gehört zu den zahlreichen Minderheiten im östlichen Shan-Staat.

A woman from the Palaung tribe. This tribe also belongs to the many minorities of eastern Shan State.

Ich lasse jeden durchschauen, es ist immer wieder ein Erlebnis zu sehen, wie das Erstaunen von diesen einfachen Menschen Besitz ergreift, wenn sie ihre Kinder durch die Optik betrachten können. Auch der Dorfälteste gibt irgendwann seine Zurückhaltung auf, und mir ist der Weg freigegeben, die Menschen durch meine Intuition und mein Einfühlungsvermögen im richtigen Licht und in der entsprechenden Umgebung darzustellen, ohne sie zu glorifizieren oder gar zu kompromittieren. So komme ich zu vielen schönen, seltenen Bildern.

I let them all have a look, and it's a constant wonder to observe how these simple people are seized by astonishment when they see their children through the viewfinder. Even the village elder finally gives up his aloofness, and so the way is open for me to use my intuition and empathy and photograph the people in the right light and surroundings, without glorifying or compromising them in any way. And so I get many beautiful, rare pictures.

Auf ihre glockengeschmückten Kopftücher sind die Akha-Frauen besonders stolz. Natürlich sind sie selbst angefertigt.

Akha women are especially proud of their headscarves hung with bells. They naturally make them themselves.

Eine kunstvoll gewebte Tasche einer Akha-Frau. Aufgehängt zeigt sie allen, dass sie jemandem gehört und kein Fundstück ist.

An artistically woven Akha women's bag. By displaying it she shows that it belongs to someone and hasn't just been found.

Die Minderheiten leben von der Landwirtschaft, sie nähen und weben selbst. Die Akha zum Beispiel tragen schöne, farbenfrohe Gewänder, bestückt mit kleinen Glocken.

Das Volk der Wa im Nordosten des Shan-Staates war früher sehr reich, bedingt durch den Mohnanbau und den Opiumhandel. Doch die Dörfer wurden niedergebrannt, der Handel gelangte in andere Hände, der Reichtum der Wa versiegte.

The ethnic minorities live from the land, and they sew and weave. The Akha, for instance, wear beautiful, colourful garments, hung with small bells.

The Wa people in northern-eastern Shan State were once very wealthy, thanks to poppy cultivation and the opium trade. But their villages were burnt down, the trade passed into other hands and the wealth of the Wa disappeared.

Landschaft im Osten an der Grenze zu China. Bergig und abgeschieden – ein echtes Abenteuerland.
Landscape on the eastern border with China. Mountainous and remote – a true adventure-land.

Strohbesen aus Palmwedel. Wer sein Karma verbessern will, geht damit in die Pagoden und fegt den Boden. Symbol für die Reinigung des eigenen Selbst.
Straw brooms, made from palm fronds. Whoever wants to improve their karma goes to the pagoda and sweeps the floor. A symbol for cleansing one's own inner self.

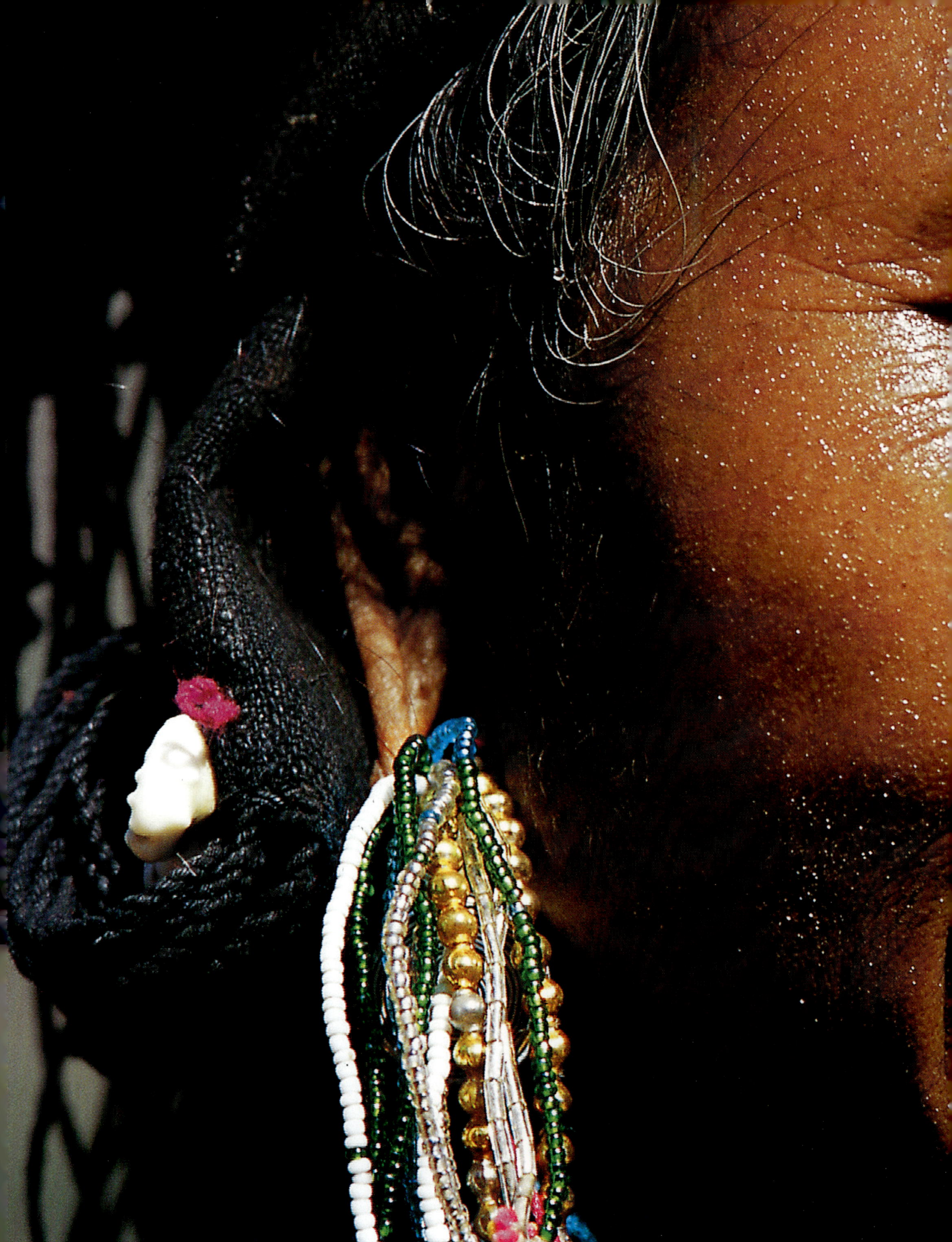

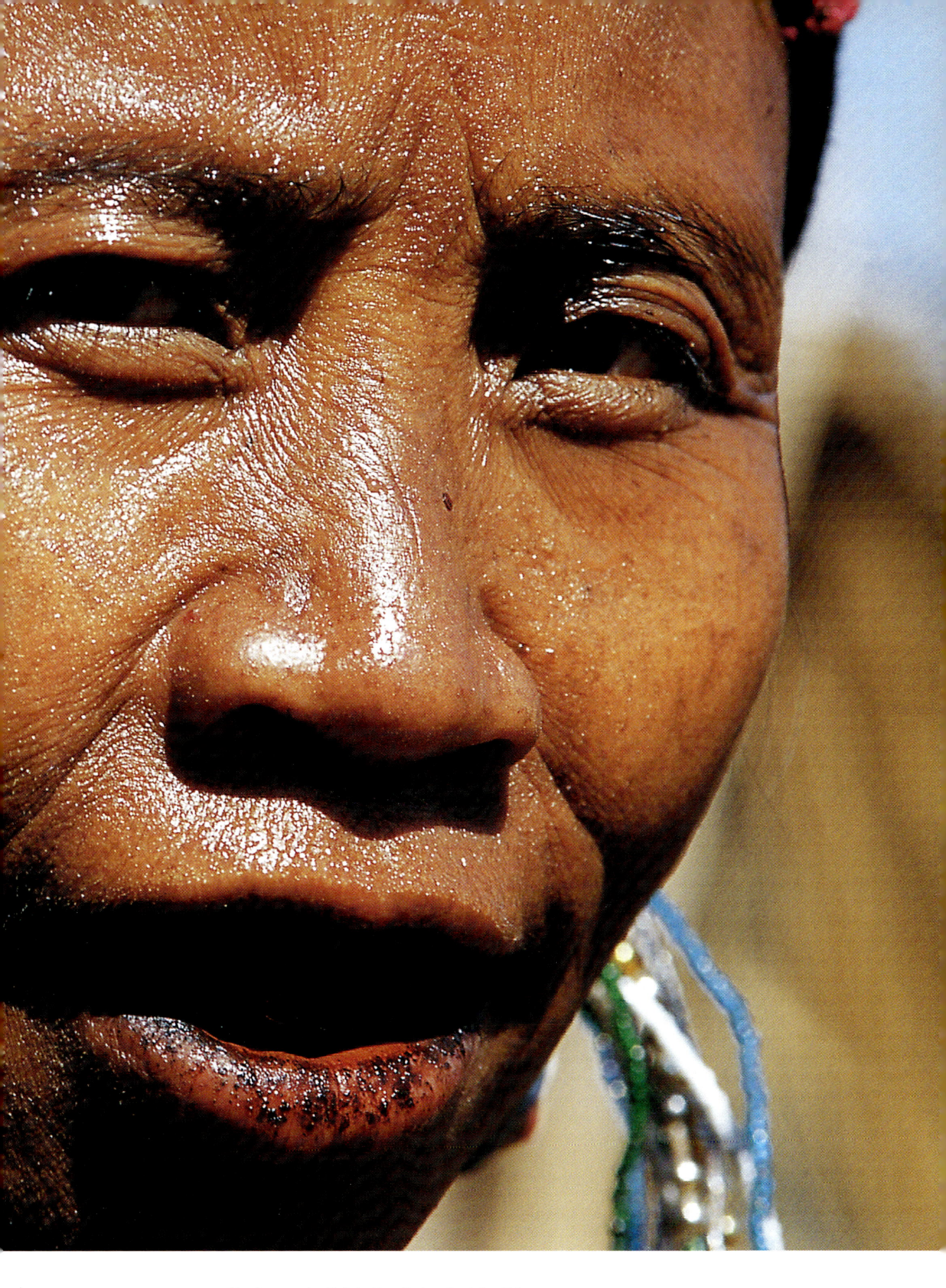

Eine Frau aus dem Volk der Enn. Sie kaut Betel. Das färbt
ihre Lippen und Zähne schwarz.

*A woman from the Enn ethnic group. She's chewing betel.
That colours her lips and teeth black.*

Eine kleine Impression. Im Schatten lässt sich die heiße Sonne wohl besser aushalten.
A small impression. The shade gives protection from the fierce sun.

Es gelingt mir, auch zu den Enn zu kommen. Ihre Dörfer liegen etwa auf 1200 Meter Höhe. Auch sie leben von Landwirtschaft und Kleiderherstellung. Das Auffallendste an den Enn sind ihre blauschwarzen Lippen und Zähne. Wenn sie denn überhaupt noch Zähne haben. Der Grund ist, dass sie unentwegt Betel kauen. Erst verfärben sich die Zähne rot, dann werden sie schwarz, am Ende fallen sie aus.

I also succeed in encountering the Enn. Their villages lie at a height of around 1,200 metres. They also live from the land and from manufacturing children's clothing. The most striking thing about the Enn is the blue colouring of their lips and teeth – if they are fortunate enough to have any teeth. Betel is the cause. They chew it constantly. At first the teeth turn red in colour, then black and finally they fall out.

Betel-Nussbaum
Bethelnut tree

Der Lastkraftwagen als Bus für die Bevölkerung. Einfache Art und Weise, an weiter entfernte Ziele zu gelangen.
A truck serves as public transport. A simple way to reach distant places.

Die Enn laden mich zu einem Festessen ein: Es gibt Spanferkel, am Kaminfeuer wird Tee heiß gehalten. Dazu erklingt die typische Musik des Stammes. Auch wenn die Enn arm sind, halten sie die Gastfreundschaft hoch. Nicht nur, dass ich eingeladen wurde, als Gast werde ich auch zuerst bedient. Dann folgen die Männer und Kinder. Erst zum Schluss dürfen sich die Frauen selbst bedienen. Dieser Besuch bei den Minderheiten, die trotz ihrer Armut voller Entgegenkommen und Gastfreundschaft sind, hinterlässt einen besonders tiefen Eindruck bei mir.

Zurück in Kengtung (Kyaintong) besuche ich noch den Zentralmarkt, der mit seiner Buntheit der Produkte, den Gerüchen der Gewürze und Pflanzen, den Proben, die einem angeboten werden, alle Sinne in Anspruch nimmt und verwirrt. Und über allem die fremde Sprache als ständige Geräuschquelle.

Vorbei an endlosen Reisfeldern fahren wir dann mit dem Jeep nach Taunggyi an den Inle-See, neuen Eindrücken und Abenteuern entgegen.

The Enn invite me to a feast. There's suckling pig to eat and tea is kept hot over the hearth fire. Typical tribal music plays in the background. Despite their poverty, the Enn value hospitality highly. I am not just invited to join the feast, I am also served first. The men folk and the children follow. Only at the end could the women serve themselves. This visit to the ethnic minorities, who displayed generosity and hospitality despite their poverty, makes a particularly deep impression on me. Back in Kengtung (Kyaintong), I tour the local market, which seizes and confuses the senses with the colour of its produce, the scents of the spices and plants, the samples that one is invited to taste.

Through endless rice paddies, we drive on in the jeep to Taunggyi, on Inle Lake, in search of new impressions and adventures.

Pfeife rauchen – das ist ein kleiner Luxus, den sich die meisten leisten können.
Pipe smoking – a small luxury, affordable by most people.

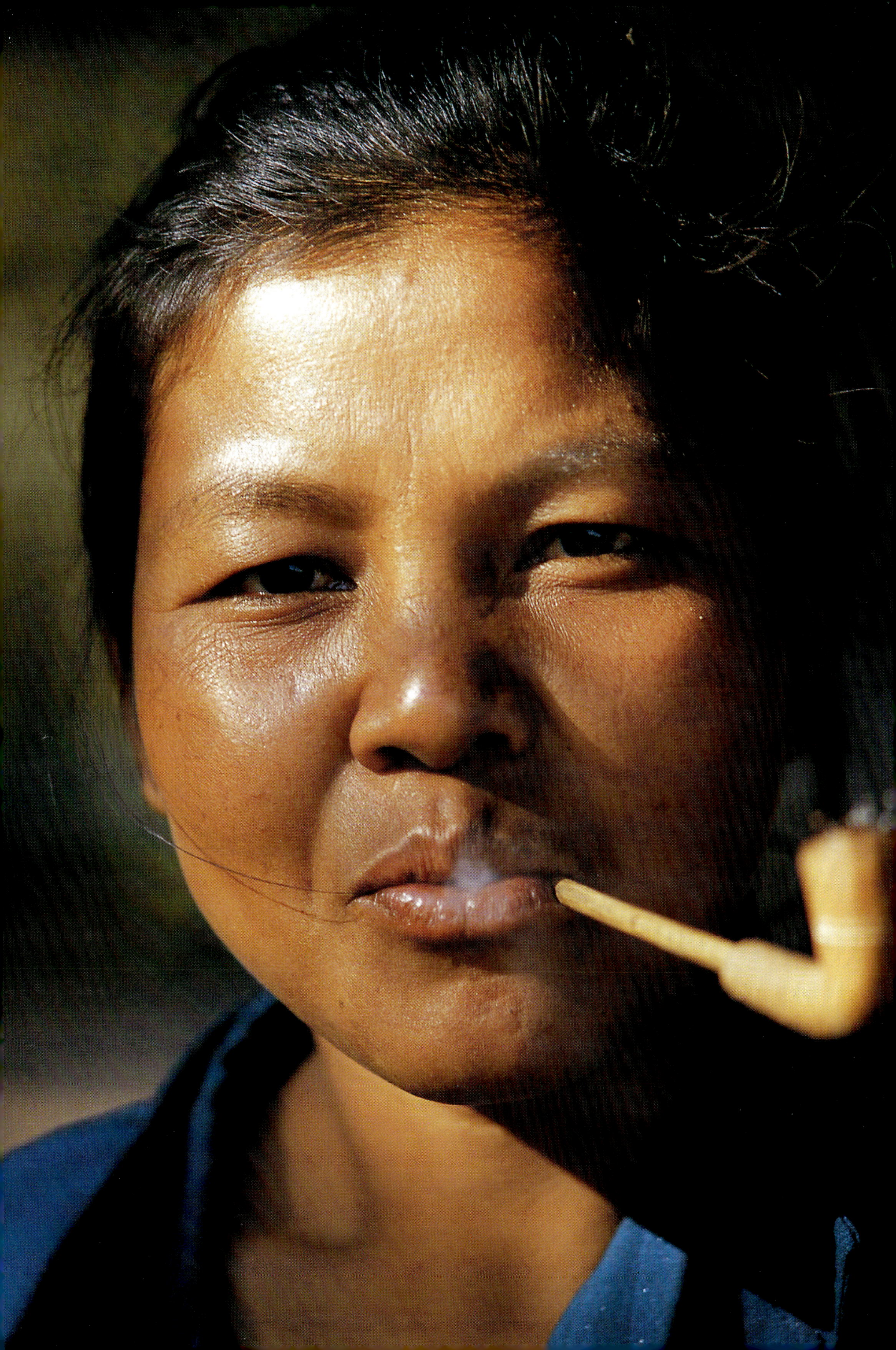

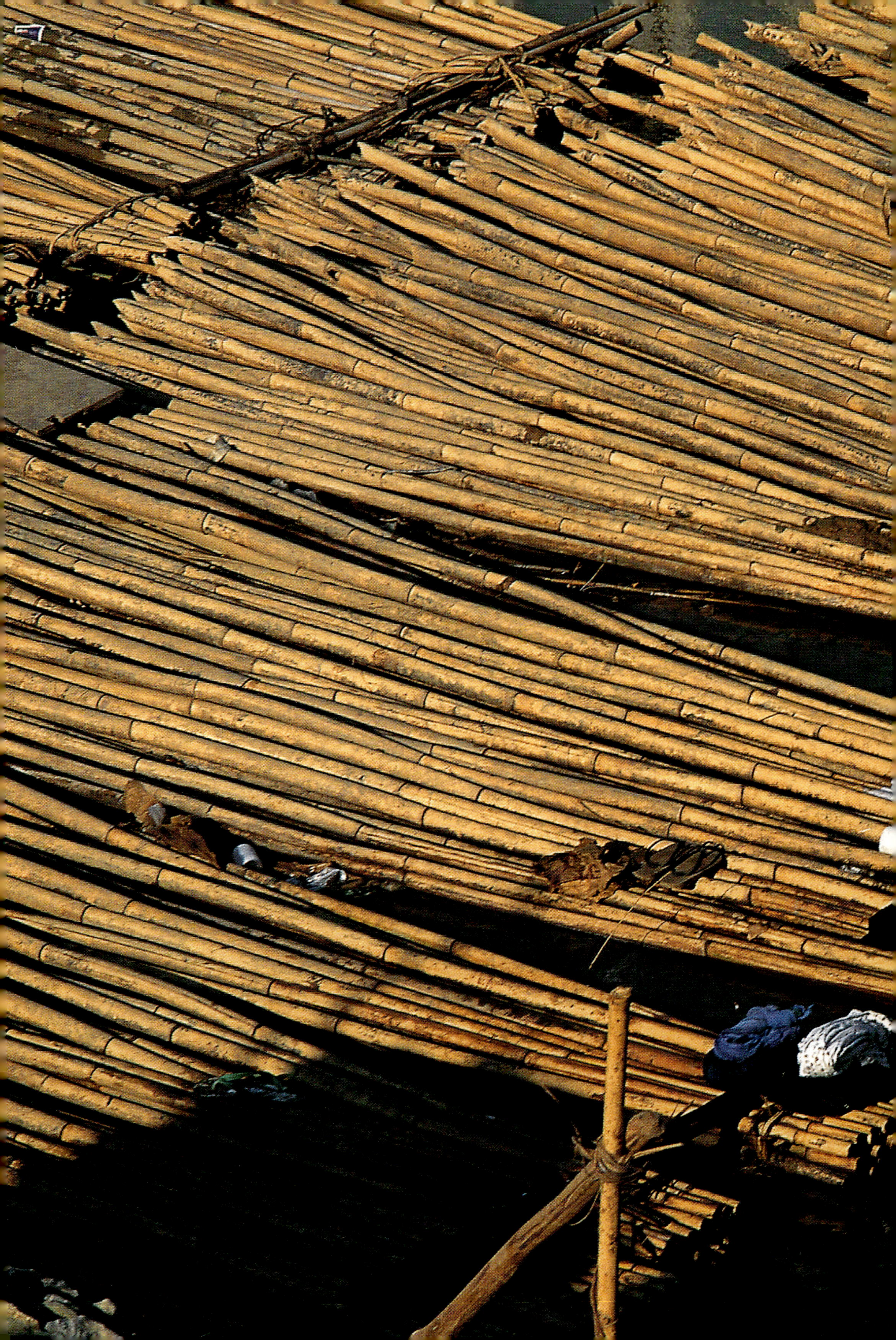

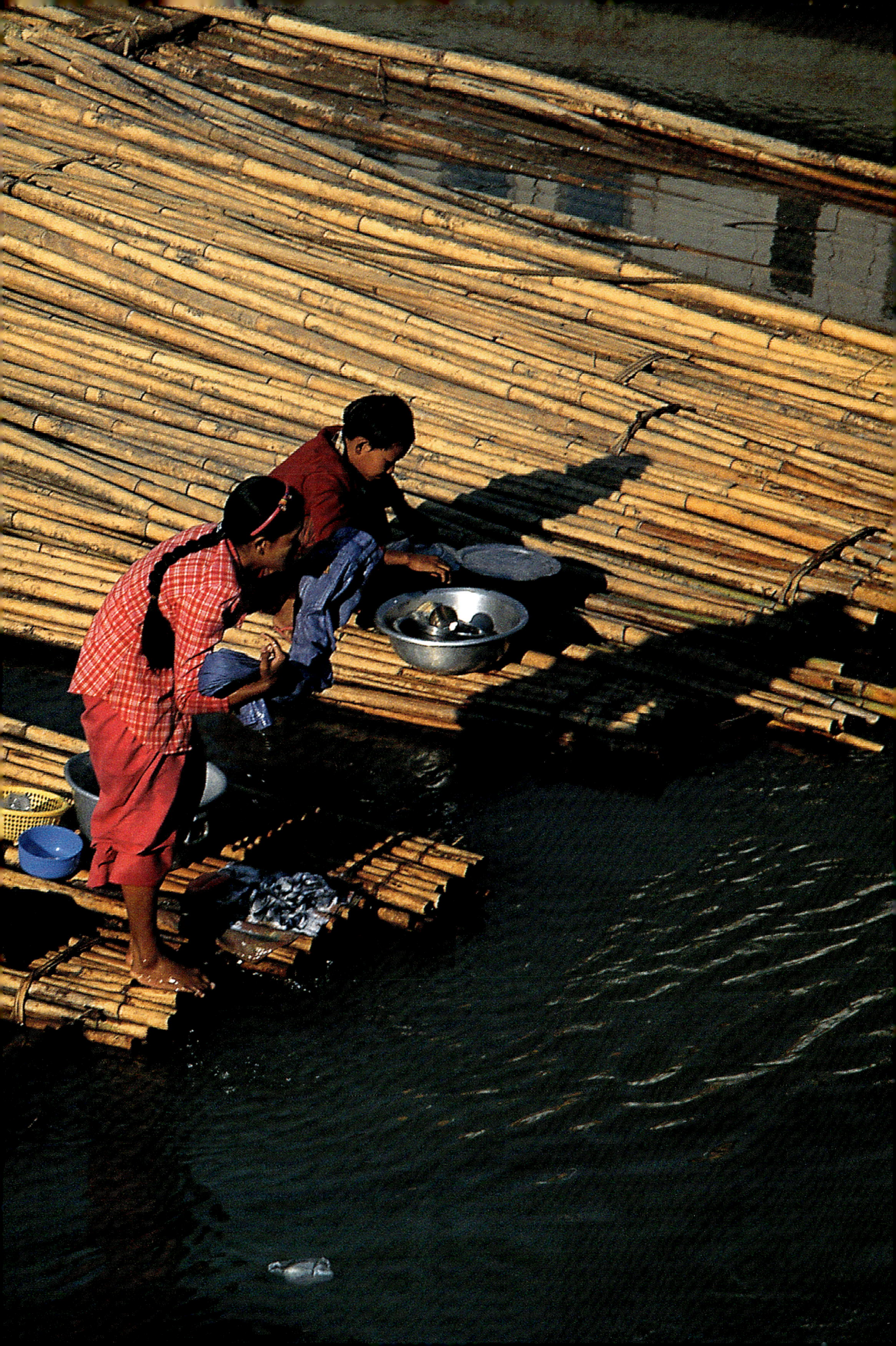

Flöße auf dem Irrawaddy (Ayeryawady), der Lebensader Burmas (Myanmars). Alles wird auf ihnen transportiert – von Norden nach Süden und umgekehrt.

Rafts on the Irrawaddy (Ayeryawady), Burma's (Myanmar's) lifeline. Everything is transported on this river – from north to south, and the other way.

Kapitel fünf
Chapter five

Auf dem Shan-Plateau im Westen des Shan-Staates

Taunggyi, rund um den Inle-See, Sanka, Indein

On the Shan Plateau in western Shan State

Around Inle Lake, Indein, Sanka

Die Festivals der Ballone, der Boote und der Buddhas

Der Inle-See und seine Umgebung mit den vielen Kanälen, den schwimmenden Gärten, der Bevölkerung, die hauptsächlich auf dem Wasser lebt: Das ist längst kein Weg mehr abseits. Das lockt viele Touristen an, und jedes Jahr werden es mehr. Umso größer ist die Herausforderung für mich, in dieser Gegend neue Eindrücke und Perspektiven für mich zu gewinnen. Ich begebe mich absichtlich zu den Festivitäten, die hier alljährlich anstehen und Einheimische sowie Ausländer und einfach Neugierige anziehen.

Ausgangspunkt dieser Reiseetappe ist die alte Fürstenstadt Nyaungshwe, die etwa fünf Kilometer nördlich des Sees liegt. In sechs Meter langen Booten werden wir über einen Kanal zum Inle-See gerudert. Der Inle-See ist der zweitgrößte See Burmas. Er liegt auf 900 Meter Höhe, ist 22 Kilometer lang und 10 Kilometer breit. Rund um den Inle-See lebt die Volksgruppe der Inthas, besser gesagt, sie leben mit, von und auf dem See. Ihre Häuser sind einfache Pfahlbauten auf Stelzen, die im See verankert sind. Aber wer denkt, es seien einfache Fischer, der hat sich gewaltig getäuscht. Sie haben aus den Ufern des Sees schwimmende Gärten gemacht. Etwa 50 Jahre hat der Prozess gedauert, bis die miteinander verwobenen Pflanzen wie Wasserhyazinthen und Seetang

The festivals of balloons, boats, Buddhas

Inle Lake and the surrounding countryside with its many canals, floating gardens and its inhabitants, who mostly live on the water – all this is no longer off the beaten track. The region attracts many tourists and more arrive each year. So the challenge is that much greater for me to win new impressions and perspectives. I turn intentionally to the festivities that take place here annually and which attract local people as well as foreigners and the plainly curious.

Starting point for this journey is the ancient princedom city of Nyaungshwe, which lies some five kilometres north of the lake. We are rowed in six metre long boats over a canal to the lake. Inle Lake is Burma's second largest. It lies at an altitude of 900 metres and is 22 kilometres by 10 kilometres in extent. Around the lake live the Intha people – or, rather, they live with, from and on the lake. Their houses are simple wooden structures built on piles anchored in the lake. But whoever thinks these are simple fishermen and their families is seriously mistaken. They have converted the banks of the lake into floating gardens. It took about 50 years before the intertwined plants like water hyacinth and weed formed themselves into a layer of humus one metre thick. Afterwards it could

Bambus – der Baustoff für die meisten Häuser. Er dient als Floß und transportiert sich praktisch selbst an seinen Bestimmungsort.
Bamboo – the construction material of most homes. It also serves as a raft and practically transports itself to wherever it's needed.

Knöcheltief steht das Wasser in den Straßen. Nur mühsam geht es vorwärts. Bald wird alles voller Schlamm sein.
The water is ankle deep in the streets. It's difficult to make any progress. Soon mud will cover everything.

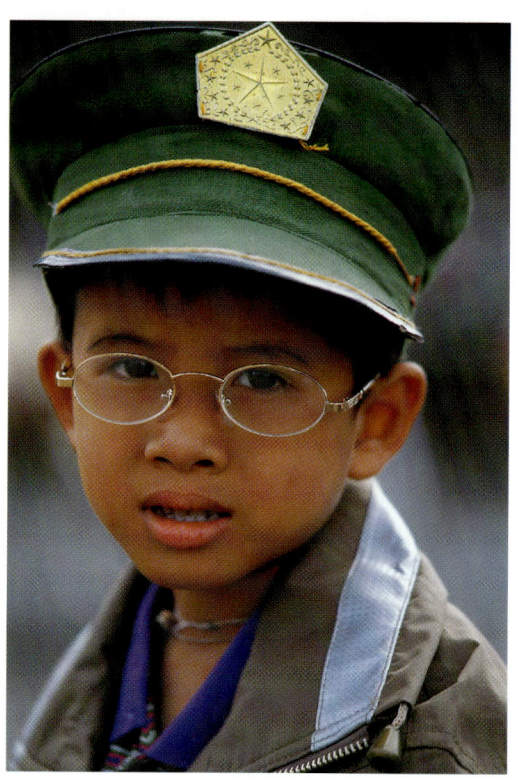

eine Meter dicke Humusschicht gebildet haben. Dann können die ein Meter breiten Böden mit Bambusstangen im Seegrund festgemacht, bepflanzt, bearbeitet und geerntet werden. Verschiedene Gemüse und Blumen sichern so die Ernährung und den Lebensunterhalt der Inthas.

  Natürlich sind sie auch einzigartige Fischer. Einbeinruderer – was soll man sich unter dem Begriff vorstellen, wenn man ihn zum ersten Mal hört? Die Auflösung des Rätsels bekommt, wer sich zum See begibt und den Fischern zuschaut. Die Männer balancieren auf einem Bein stehend im Heck ihrer kleinen Boote. Mit dem anderen Bein umklammern sie das

be fastened with bamboo poles to the bed of the lake, then planted, worked and harvested. Many varieties of vegetables, fruit and flowers thus assure the Inthas of a livelihood.

  They are also remarkable fishermen. One-legged rowers, what are we to make of the term when first we hear it? The answer is provided when the lake is visited and the fishermen observed at their work. The fishermen balance themselves on one leg in the stern of their small boats, fasten the other around the oar and propel their craft with a propeller-like movement. The fish are driven from the lake bed with a stick and caught in a net attached to a bamboo basket-like arrangement.

Ob das wohl das richtige Reittier ist? Oder ist der Büffel schon zu müde von der Feldarbeit? Aber wahrscheinlich verstehen die beiden sich nur gut.

Is that the right mount? Or is the buffalo too tired after working in the fields? Whatever, the two seem to get along well.

Schwimmende Gärten. Das bedeutet Landgewinnung. Ein Teppich aus Wasserhyazinthen dient als Basis. 50 Jahre braucht es, um eine Humusschicht von einem Meter zu bilden. Doch in Burma scheint es Zeit genug zu geben.

Floating gardens. That means land reclamation. A carpet of water hyacinth serves as a basis. It takes 50 years for a layer of humus one metre thick to form. But there seems to be time for that in Burma.

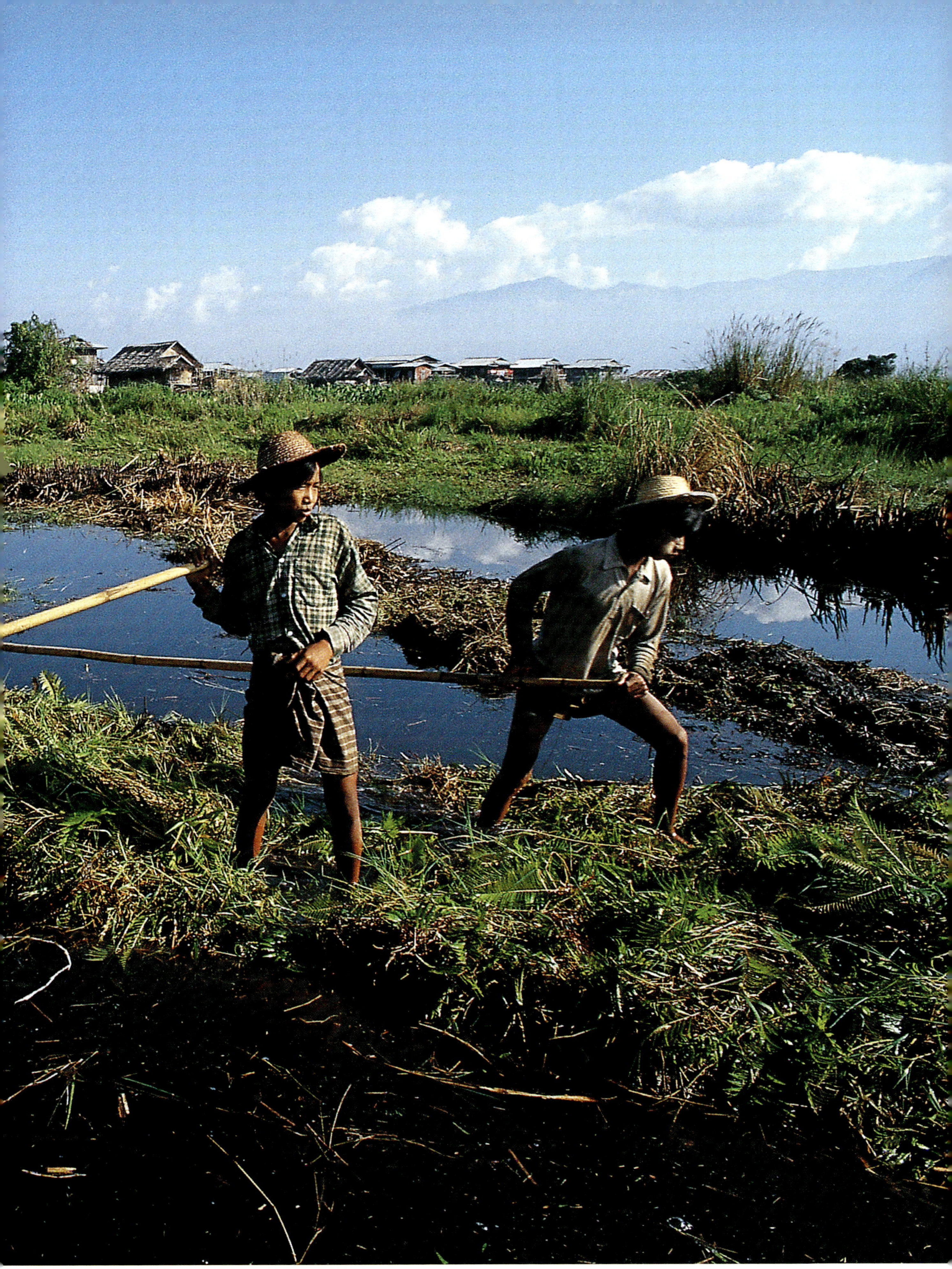

Schulkinder auf dem Weg nach Hause. Die Schultaschen sind ihre alltäglichen typischen Begleiter.

Schoolchildren on their way home. The school satchels are their typical everyday companion.

Ein Pa-O-Mädchen. Kennzeichen sind die Kopftücher mit großen Karos.

A Pa-O girl. Recognizable by her head scarf with diamond design.

Paddel und bewegen so das Boot durch schraubenartige Bewegungen vorwärts. Die Fische werden mit einem Stock am Seeboden aufgescheucht und in einem Netz, das an einem korbähnlichen Bambusgestell befestigt ist, gefangen. Die Inthas sind ein Volk mit auch vielen handwerklichen Fertigkeiten. Auf der Fahrt mit dem Boot nach Indein besuche ich eine Lotusweberei. In mühsamer Arbeit werden die Stiele der Lotusblumen in dünne Fäden gesplisst und zu filigranen Stoffen gewoben. Schöne, kostbare Schals, Gewänder und Taschen entstehen, die nach jedem Waschen noch weicher und flauschiger werden. Dem Aufwand entsprechend, sind Produkte aus den Lotusblumenfäden natürlich außergewöhnlich teuer. Meistens werden sie naturfarben angeboten.

The Inthas are also highly skilled in many kinds of handicraft. On the boat trip to Indein I visit a workshop where weavers work with lotus flowers. The stem of the lotus is carefully stripped to fine threads which are woven into fine filigree material. Beautiful, precious shawls, robes and bags are made from the material, which becomes softer and fluffier with every washing. The high price of the lotus flower products reflects the intensive work that goes into them. Most have their natural color, although some are colored.

Das Alltagsgewand der Burmesen – die Longys. Mit Hingabe und Perfektion werden sie von den Frauen hergestellt.

Burmese everyday wear – longyis. They are perfectly and lovingly made by the women.

Das Meisterwerk von Menschenhand wird langsam wieder von der Natur überwuchert.
The masterpiece produced by human hand is slowly taken over by nature's green embrace.

Indein liegt westlich des Inle-Sees an einem kleinen Zufluss. Indein ist auf den ersten Blick kein aufregender Ort, aber mich locken die Hunderte von Stupas, die noch nicht lange wieder der Öffentlichkeit zugänglich sind. Der Tempel wurde vermutlich im 17. Jahrhundert errichtet. Die Stupas, es sind wirklich mehrere Hundert, sind entsprechend verfallen. Ein ein Kilometer langer, überdachter Weg führt zur Tempelanlage. Das Interessante in der alten Pagodenstadt sind für mich die Höhlenbilder, freskenartige Wandbilder und halb verfallene Statuen. Die Bilder geben wohl Szenen aus Buddhas Leben wieder, und ich hoffe, dass sie erhalten bleiben und sogar restauriert werden können.

Indein lies west of Inle Lake on a small river. At first sight, Indein is not an exciting place, but my attention is drawn by its hundreds of stupas, which won't be accessible to the public for much longer. The temple is said to have been built in the 17th century, and the stupas, truly hundreds of them, show their age. A walkway one kilometre long leads to the temple complex. The most interesting thing for me in the old pagoda town are the cave paintings, fresco-like murals and half-ruined statues. The paintings show scenes from Buddha's life, and I only hope they can be maintained and even restored.

Hunderte von Pagodenruinen
im Shan-Stil umgeben den Zentralbau.
Hundreds of pagodas in Shan style surround the central ensemble.

Ein Intha-Mönch. Harmonie zwischen Körper und Seele.
An Intha monk. Harmony of body and soul.

Mag der Gedanke an Buddha auch ewig sein,
der Zahn der Zeit nagt an seinen Abbildern, wenn sie nicht
gepflegt werden.
*Buddha's thoughts may be eternal, but time eats at his image
if it's not looked after well.*

Wenn die Wolken über die Pagoden hinziehen, erwecken sie
Erinnerungen an längst vergangene Zeiten.
*When clouds gather over the pagodas they recall memories
of long forgotten times.*

Fresken, Höhlenbilder –
sie erinnern an das Leben vergangener Buddhas.
*Frescoes, cave paintings –
a reminder of the previous lives of Buddha.*

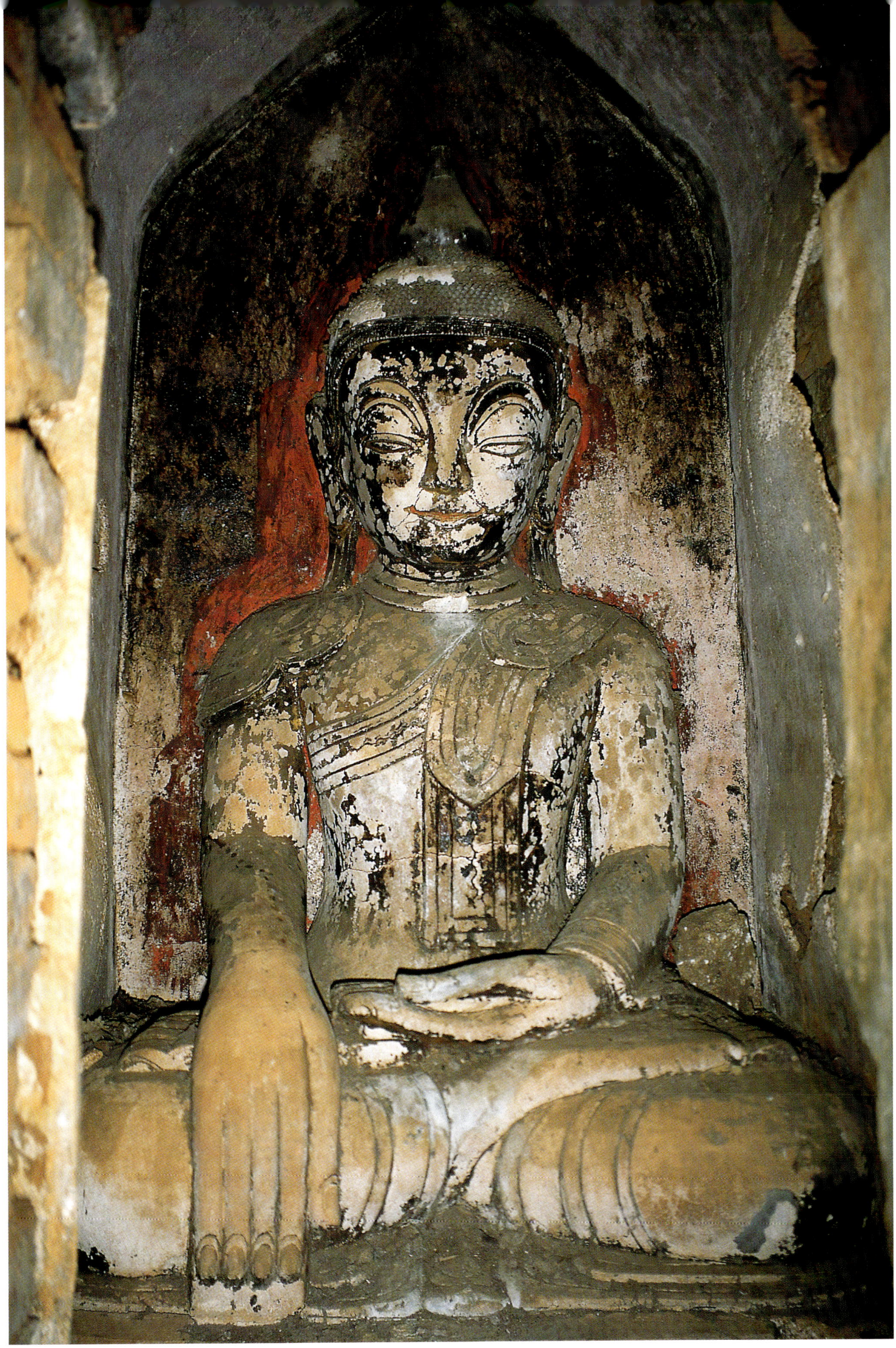

Des Rätsels Lösung: eine Buddhastatue. Schön auch noch in der langsamen Auflösung der Farben und der Umrisse.

The answer to the mystery: a Buddha statue. Beautiful in the slow resolution of its colours and outline.

Ein Schrein. Geheimnisvoll zieht der dunkle Innenraum den Betrachter an. Was für einen Schatz verbirgt er?

A shrine. The dark interior mysteriously draws the observer in. What treasure does it hold?

Lackarbeiten – auch das ist eine Spezialität burmesischer Handwerkskunst. Ein Schirm aus Papier wird mit Lack überzogen und kunstvoll bemalt mit traditionellen Motiven. Das Gestänge ist aus Bambus.

Lacquer work – a specialty of Burmese handicraft. An umbrella's paper shade is lacquered and artistically painted with traditional motifs. The shaft of the umbrella is made of bamboo.

Die Zentralpagode strahlt in goldenem Glanz. Ein starker
Kontrast zu den Pagodenruinen.

*The central pagoda shines in its golden glory. A stark
contrast to the pagoda ruins.*

Auf einem typischen Markt des Pa-O-Volkes.
A typical market of the Pa-O tribe.

Kein Bild aus dem Gruselkabinett, sondern solide burmesische Medizin und Öl für eine heilbringende Massage.
No picture from a cabinet of horrors, but regular Burmese medicine and oil for a healing massage.

Der nächste Anziehungspunkt ist Sanka, ein kleines Dorf am Inle-See. Sanka liegt im Gebiet der Pa-O. Die Pa-O kontrollieren das Gebiet, und ich muss wieder einmal um eine Genehmigung ersuchen, um nach Sanka fahren zu dürfen. Zwei Stunden Flussfahrt mit einem Außenborder, der einem Pa-O gehört, durch Seitenarme des Inle-Sees. So lange dauert es bis Sanka. Es geht vorbei an Wasserbüffeln, Marktfrauen auf Booten, hinweg über viele Stromschnellen. Das ganze bunte Burma zieht an mir vorbei.

The next place of attraction is Sanka, a small village on Inle Lake. Sanka lies in the territory of the Pa-O. The Pa-O control the area, and again I have to obtain a permit to visit Sanka. Two hours journey on a tributary of the lake in a boat with an outboard motor, which belongs to a Pa-O man. That's how long it takes to reach Sanka. We pass water buffalos and market women travelling by boat, through many rapids. Entire, colorful Burma passes before my eyes.

Auf einem typischen Markt des Pa-O-Volkes.
A typical market of the Pa-O tribe.

Holzbuddhas, zum Teil vergoldet. Denn nur das edelste Metall ist gut genug für die Symbolfiguren.
Wooden Buddhas, partly gilded. Only the noblest metal is good enough for the symbolic figures.

Junge Mönche aus dem Kloster der Ruinenstadt. Sie sind meist Waisen. Doch sie sind auch die Hoffnung für einen Aufbau der alten Stätte.
Young monks from the monastery of the ruined town. They are mostly orphans. But they also hold hope for the reconstruction of the ancient ruins.

Sanka ist eine vergessene Pagodenstadt und erst vor drei Jahren wieder freigelegt worden. Seit zwei Jahren kann man eine Besuchserlaubnis bekommen. Die Pagoden bestehen aus Ziegeln und sind natürlich noch völlig unrestauriert. Sanka ist wohl im 14./15. Jahrhundert erbaut worden. Der Name leitet sich ab aus dem Namen „Samka", der Bezeichnung für eine weiße, stark riechend Blume der Umgebung. Mystisch und geheimnisvoll erscheint mir die alte Ansammlung von Stupas und Pagoden aus Ziegeln. Wie so oft an solch verlassenen Orten versuche ich, sie mit Leben zu erfüllen, meine Gedanken hinein zu projizieren. Frei nach dem Spruch von Henry David Thoreau, den ich immer gerne zitiere: „The question is not what you look at, but what you see." („Die Frage ist nicht, was du dir ansiehst, sondern was du dahinter siehst.")

Sanka is a forgotten pagoda town and was opened up only three years ago. For the past two years it has been possible to obtain a permit to visit. The pagodas are made of brick and are naturally completely unrestored. Sanka was built in the 14th and 15th centuries. Its name comes from the word "Samka", which describes a white, strongly-scented flower that grows in the area. The collection of brick-built stupas and pagodas strike me as mystical, shrouded in mystery. As so often in such deserted places, I try to imagine them filled with life. As was said by Henry David Thoreau (whom I love to quote): "The question is not what you look at, but what you see."

One can get to know a country and its people through their festivals, and that's the case in Burma, too. Full moon times are when the people here love to celebrate. One famous celebration is the Paung-Daw-U festival, called after the pagoda of the same name

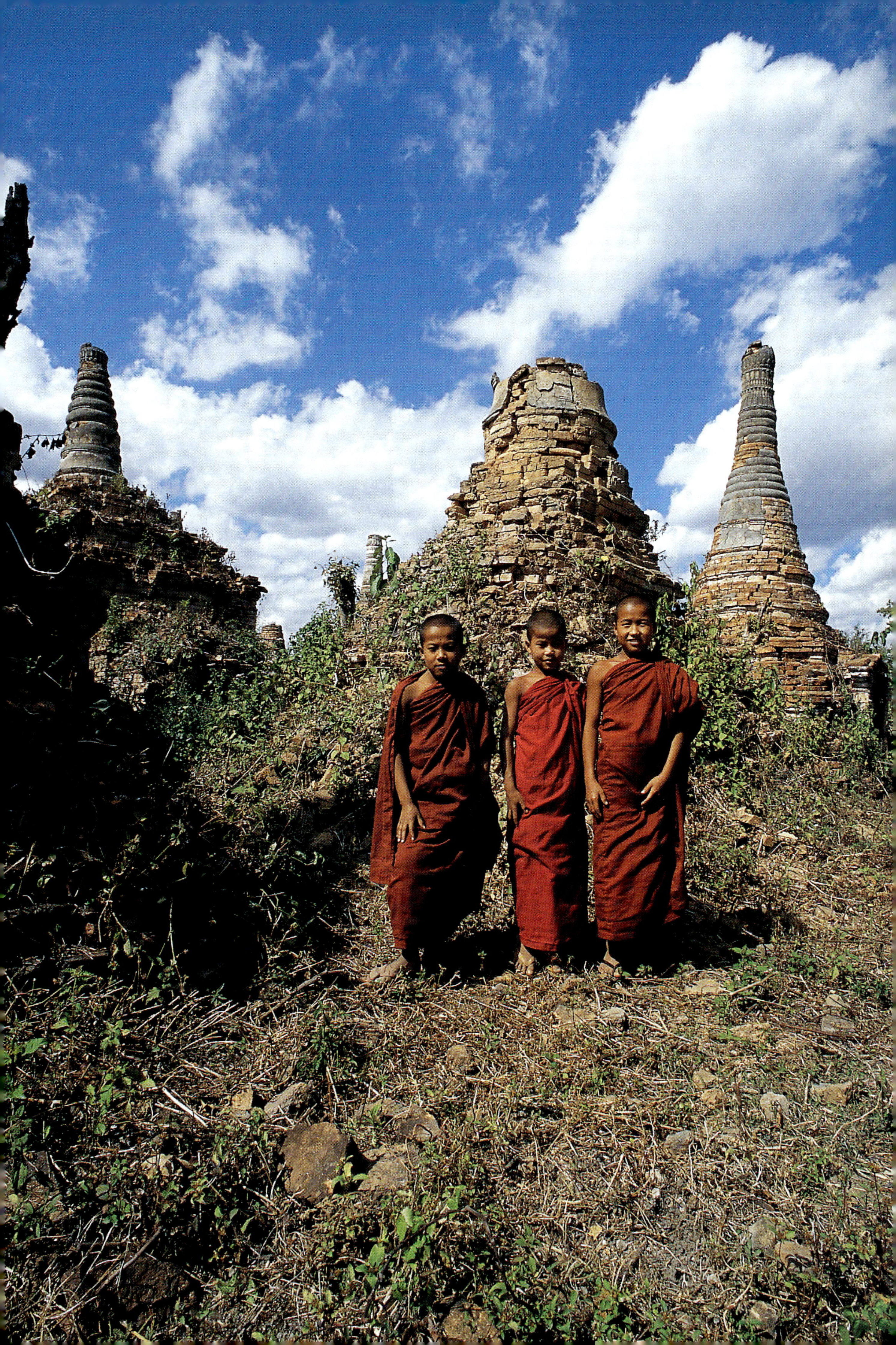

Sanka – eine weitere
große Pagodenstadt,
bei der auch schon
Restaurierungsarbeiten
begonnen haben.

*Sanka – another large
pagoda town, where
restoration work has also
begun.*

Wenn Natur und Bauwerk
verschmelzen, entsteht
ein neues Werk, das
Menschen und Natur
verbindet. Beides bildet
eine Einheit.

*Tree growing around a
pagoda. When nature and
building combine, a new
work arises that unites
people and nature. Both
form a unity.*

Pagoden – sie stehen schon lange hier und werden auch noch lange stehen bleiben. Denn die Menschen werden ihre Bedeutung und Symbolträchtigkeit nie vergessen.

Pagodas – they have stood here a long time and will remain here for long, too. For people won't forget their meaning and symbolism.

Vorbereitungen für das alljährliche Bootsfestival. Die Buddhafiguren werden hergerichtet, um ihren Weg über den See anzutreten. Vier der fünf Buddhas werden in einen kunstvoll verzierten Schrein gestellt.

Preparations for the annual boat festival. The Buddha figures are prepared for their journey on the lake. Four of the five Buddhas are set up in an artistically decorated shrine.

Länder und Völker kann man bei ihren Festen kennen lernen. Das ist auch in Burma so. Hier liebt man es, vor allem an Vollmondtagen Feste zu feiern. Ein berühmtes Fest ist das Paung-Daw-U-Fest, benannt nach der gleichnamigen Pagode, das in den drei Wochen vor dem Oktobervollmond stattfindet und das Hauptfest im südlichen Shan-Staat ist. Der Ort des Geschehens ist natürlich der Inle-See, das Zentrum von diesem Teil des Landes.

Die Legende sagt, dass König Alaungsithu (12. Jahrhundert) fünf Buddha-Figuren von Sakka persönlich bekam. Den Ursprung hat das Fest wahrscheinlich im 14./15. Jahrhundert, nachdem die fünf aus Holz geschnitzten Buddhafiguren in einer Höhle wiedergefunden, zuerst an verschiedenen Orten verehrt wurden und schließlich alle zusammen in die Pagode kamen. Das Holz wurde im Laufe der Jahrhunderte von den Pilgern mit so viel Blattgold bedeckt, dass die ursprüngliche Buddhagestalt nicht mehr erkennbar ist.

Drei Wochen lang werden die Buddhafiguren in die Orte rund um den See gefahren. Die Dörfer und die Klöster sollen gesegnet werden.

Die Buddhastatuen werden in einer großen, geschmückten, dekorierten, goldenen Barke in Form eines Vogels in einem großen zweistöckigen Schrein über den See gefahren. Es ist der Karaweik-Vogel, der dem Garuda aus der hinduistischen Mythologie, dem Reittier Vishnus, angeglichen ist. Von zwei kleineren, ähnlich üppig ausstaffierten Barken wird das Buddhaschiff geleitet. Die Bewohner eines Dorfes wissen es zu schätzen, wenn die Buddhas bei ihnen vorbeikommen. Sie bleiben die ganze Nacht zu ihren Ehren im Tempel.

and which is held in the three weeks before the October full moon. It's the chief festival of southern Shan State, and it naturally takes place at the Inle Lake, the centre of this part of the country.

The origins of the festival lie in the 14th or 15th century, when five carved wooden figures of Buddha, said to have been given to the 12th century king Alaungsithu by Sakka, were found in a cave. They were at first worshipped in various places, before finally coming back together in the pagoda. Pilgrims covered them with so much gold leaf over the centuries that he figures are no longer recognizable as Buddha.

For three weeks the Buddha figures are carried through the villages and temples around the lake. The villages and temples are blessed in this way.

The Buddha statues are carried across the lake in a large, double-tiered shrine mounted on a large, decorated, gold barge fashioned like a bird. This is the Karaweik bird, which is compared to the Garuda of Hindu mythology, the god Vishnu's steed. The Buddha barge is accompanied by two smaller but similarly opulent boats. The villagers know how to value a visit from the Buddha statues and honor them with all-night temple vigils.

Gruppen, die sich für die Aufführungen festlich kostümiert und geschminkt haben, neben normalen Besuchern des Festes. Die Boote bringen sie an die Festplätze.

Groups dressed ceremonially and made up for the festivities, together with normal visitors to the festival. The boats bring them to the festival grounds.

Früher Morgen, gleich wird die Regatta beginnen. Zuschauer und Teilnehmer sind aufgeregt und in großer Erwartung.

Early morning – the regatta is about to begin. Spectators and participants are excited and full of anticipation.

Es sind allerdings nicht mehr alle fünf, sondern nur noch vier Buddhafiguren. Auch das hat einen historischen Hintergrund, der einer Glaubens- und Legendenbildung äußerst zuträglich ist. Früher, als noch alle fünf Buddhastatuen um den See gefahren wurden, ereilte das Boot während der Feier 1965 sein Schicksal. Es kenterte, die Buddhas versanken. Vier der Buddha-Figuren wurden geborgen. Nur der kleinste blieb verschollen im Flussschlamm, wie jeder annahm. Die Trauer war groß. Doch als die Pilgerschar zum Tempel zurück kam, stand der kleine Buddha auf seinem Platz, als wäre er nie weg gewesen. Seit diesem Zeitpunkt blieb er während jeder Jahresfeier als Wächter im Tempel zurück, bis alle fünf wieder unversehrt vereinigt waren.

Für die Burmesen sind diese fünf Buddhas so heilig, dass sie rote Stoffstreifen vorbereitet haben, die sie an ihnen reiben und dann an ihre Fahrräder, Autos und Lastkraftwagen binden, um spirituelle Schutzfelder um sich und ihre Fahrzeuge aufzubauen.

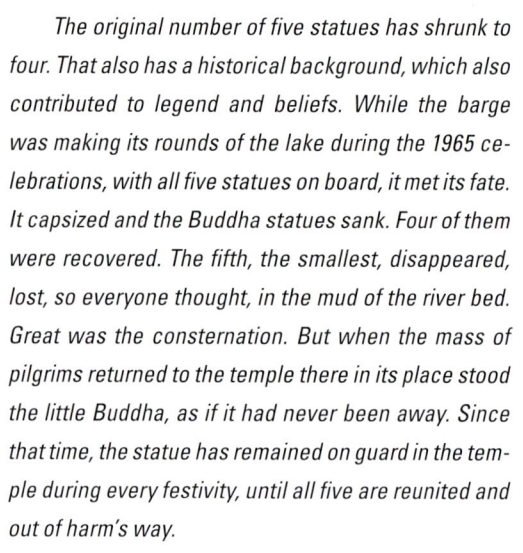

The original number of five statues has shrunk to four. That also has a historical background, which also contributed to legend and beliefs. While the barge was making its rounds of the lake during the 1965 celebrations, with all five statues on board, it met its fate. It capsized and the Buddha statues sank. Four of them were recovered. The fifth, the smallest, disappeared, lost, so everyone thought, in the mud of the river bed. Great was the consternation. But when the mass of pilgrims returned to the temple there in its place stood the little Buddha, as if it had never been away. Since that time, the statue has remained on guard in the temple during every festivity, until all five are reunited and out of harm's way.

These five Buddhas are held in such religious regard by the Burmese that they bring red strips of cloth, which they rub on the images and then onto their bicycles, cars and trucks, believing it gives them and their vehicles spiritual protection.

Golden leuchten die Boote in der Mittagssonne.
The barges glisten like gold in the midday sun.

Fast jeder Burmese geht einmal im Leben ins Kloster. Novizen werden schon ab fünf Jahren aufgenommen.

Nearly every Burmese enters once in life into the Buddhist order of monks. Novices are admitted from five years old.

Die Nonnen sind auf dem Kopf glattrasiert. Die Baumwolltücher dienen als Kopfschmuck und Sonnenschutz.

Nuns have their heads shaved. The cotton scarves serve as decoration and protection against the sun.

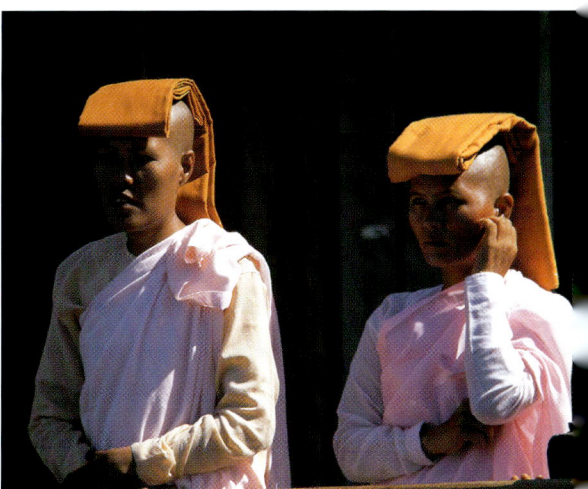

Das Paung-Daw-U-Fest auf seinem Höhepunkt. Die Barken fahren drei Wochen um den Inle-See. Im Morgengrauen erscheinen die dem Karaweik-Vogel nachgebildeten Barken wie mythische Wesen.

The barges travel around Inle Lake for three weeks. In the morning mist the barges, modelled on Karaweik birds, appear like mystical creatures.

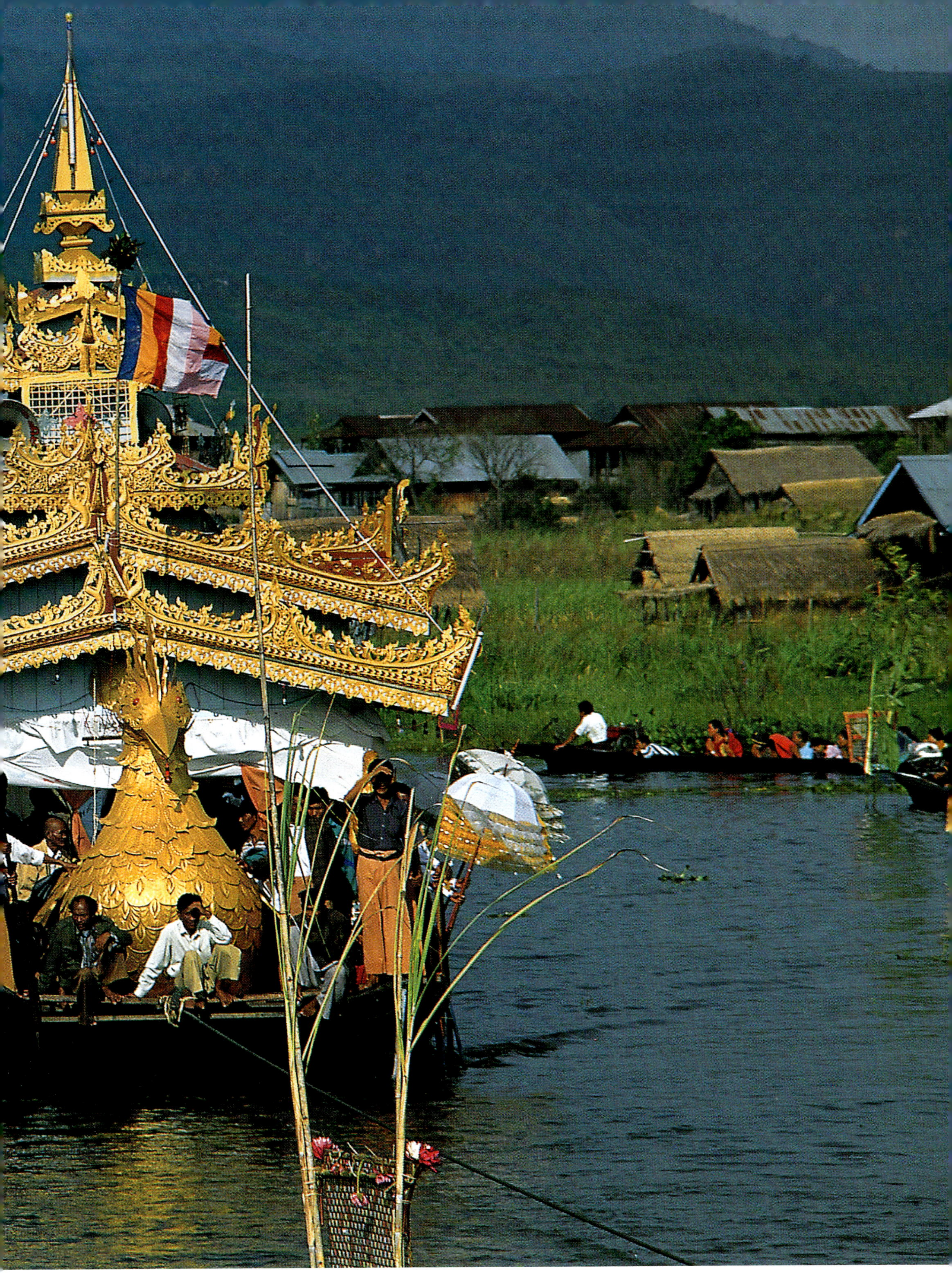

Eine Intha-Frau. Ihre Heimat ist der Inle-See und die Umgebung des Wassers.

An Intha woman. Her home is the Inle Lake and its surroundings.

Eine besondere Attraktion, die Bootsrennen der Einbeinruderer.

A special attraction, the one-legged rowers' race.

Manche nützen die große Jahresfeier, um zu heiraten und den Segen der Buddhas auf ihr gemeinsames Leben herabzurufen.

Many take advantage of the annual festival to marry and receive Buddha's blessing of their life together.

Aber es ist nicht nur ein religiöses Fest. Es wird begleitet von Märkten, und vor allem wollen sich die Einbeinruderer hervortun. Wettrennen zwischen einzelnen Dorfmannschaften finden auf dem ganzen Inle-See statt. Auch Frauenmannschaften sind dabei. 20 Meter lang sind die Boote. Ruderer und Ruderinnen sind festlich gekleidet – und sie zeigen ihren sportlichen Ehrgeiz.

Ich bin begeistert über den Enthusiasmus, mit dem die Menschen die Feier gestalten und ausleben – geistlich wie auch weltlich. Das bleibt mir in meinen Gedanken, die aber auch schon wieder unterwegs zu einem neuen Vergnügen sind.

But it isn't only a religious festival. It's accompanied by markets, and – above all, the one-legged rowers want to show their skills. Races between village teams take place all over Inle Lake. Women also compete. The boats are 20 metres long. The rowers are turned out in festive garb, and they show their sportive ambition.

I'm amazed by the enthusiasm with which the festival is organized and played out – spiritually as well as secularly, both with complete seriousness and dedication. It remains a long time in my mind and in my thoughts, which are now, however, directed to new pleasures.

Warten auf Gäste, die zum Festival wollen.
Waiting for guests who want to go the festival.

Das Ballonfestival – die Attraktion des Jahres. An diesen Plätzen versammeln sich die erwartungsvollen Zuschauer.
The balloon festival – the year's attraction. The public gathers at these places expectantly.

Küken, Elefanten und andere Tiermotive steigen tagsüber in den blauen Himmel auf.
Cockerels, elephants and other animal motifs climb by day into the blue sky.

Tazaungmon – das ist der Novembervollmond. Wenn er in voller Pracht am Himmel steht, wird im ganzen Land gefeiert. Die Pagoden erstrahlen im Lichterglanz.

Doch in Taunggyi, der Hauptstadt des Shan-Staates, die ich deswegen aufsuche, wird der Vollmond auf besondere Weise zu Ehren kommen. Drei Tage bevor er seine ganze Größe erreicht hat, findet ein Heißluftballonfestival statt. Tagsüber werden Ballons als Tierfiguren in die Luft steigen gelassen. Schweine, Hähne, Elefanten, Nashörner, was die Fauna Burmas so zu bieten hat. Die schönsten Ballons werden prämiert.

Tazaungmon – the November full moon. When the moon stands high in all its magnificence, the whole country celebrates. The pagodas shine with lights.

In Taunggyi, the capital of Shan State, however, the full moon is celebrated in a very special way, and for that reason I travel there. Three days before it becomes full, a hot-air balloon festival takes place. By day balloons with the shape of animals are released into the sky. Pigs, cockerels, elephants, rhinos – whatever the Burmese fauna has to offer. Prizes are awarded for the finest balloons.

141

Eine Pagode als Ort der Wunscherfüllung.
A pagoda as a place of wish-fulfilment.

Am Abend wird es spannend. Die Feuerballons werden gezündet. Fabelwesen und mystische Gestalten steigen in den nächtlichen Himmel über dem See. Vor ihnen ist durchaus Vorsicht geboten. Denn sie sind nicht immer sicher. Schon manches Haus muss wohl den Feuerdrachen zu spüren bekommen haben. Die Vollmondnacht selbst wird geprägt durch Kerzenprozessionen, begleitet von Musik und Tanz der einzelnen Volksgruppen. Taunggyi ist außerdem noch bekannt für die Produktion der Cheroot-Zigarren, die nicht nur von den Frauen gerollt, sondern auch mit Vorliebe von ihnen geraucht werden.

Auch wenn es schwer fällt, sich den freundlichen Einwohnern zu entziehen, mich rufen wieder die einsameren, abseits gelegenen Pfade. Und da möchte ich jetzt hin – in den Süden, ans Meer.

In the evening it gets exciting. "Fire balloons" are launched. Fabulous creatures and mystical figures rise into the night sky over the lake. But caution is advised. They're not always safe. Many a house below must have come to feel their destructive power. The night of the full moon is marked by candlelight processions, accompanied by music and dance by individual nationality groups. Taungyi is also well known for its cheroot cigars, which aren't only manufactured by the women of the town but also gladly smoked by them.

Although I now find it difficult to leave these friendly people, the lonely, out-of-the-way paths call me on. And that's where I want to go, south, to the sea.

In der Dunkelheit steigt die Spannung. Feuerballons sind die Hauptattraktionen des Festivals. Der kritische Moment. Das Feuer wird entzündet. Der Ballon steigt in die Luft.

As darkness falls, the excitement increases. Fire balloons are the chief attraction of the festival. The critical moment. The fire is lit. The balloon climbs into the sky.

Inthas mit ihrer Lieblingszigarre, den Cheroots, den „gerollten" Zigarren.

Inthas with their favourite "rolled" cigars – cheroots.

143

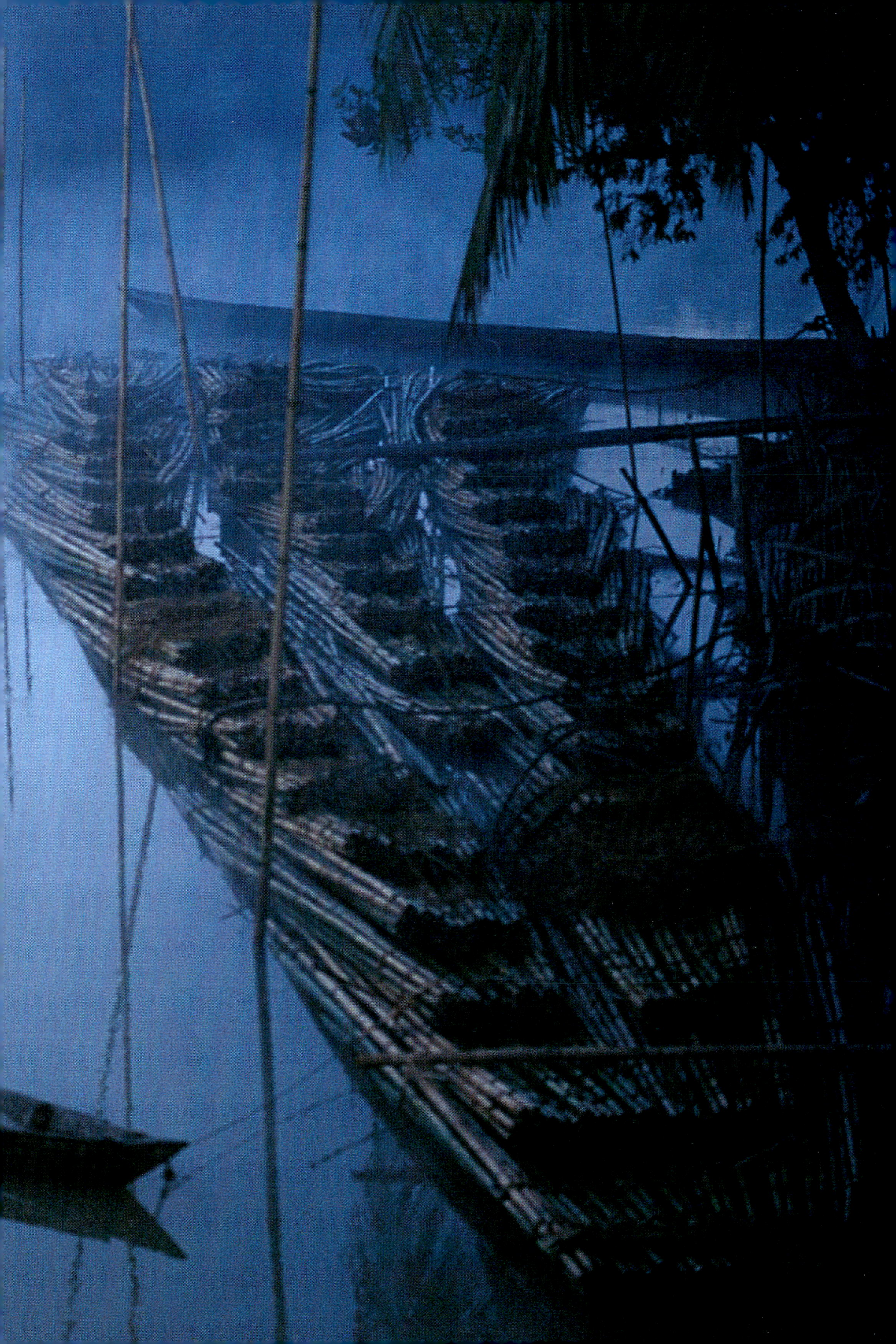

Morgenstimmung in Moulmein.
Morning in Moulmein.

Kapitel sechs
Chapter six

Im tropischen Süden des Mon- und Tanintharyi-Staates

In the tropical south Mon and Tanintharyi State

Moulmein, Dawei, Myeik, Kawthoung

Die Fischerboote mit ihren bunten Fahnen

Von He Ho am Inle-See, ein letzter glücklicher Blick auf das Wasser war mir gegönnt, fliege ich nach Yangon. Von da geht es mit dem Auto nach Moulmein (Mawlamyaing), eine tropische Stadt. George Orwell war 1920 hier stationiert. Er leistete seinen Dienst bei der indischen Polizei. Kommt man mit dem Auto von Yangon, trifft man zuerst in Mottama, der Hafenstadt, ein. Von dort überqueren wir den Fluss Thanlwin (Salween) mit einer Fähre, auf der auch Elefanten transportiert werden, und dann sind wir in Moulmein.

Moulmein (Mawlamyaing) ist die viertgrößte Stadt Burmas. Die Stadt hat eine lange, abwechslungsreiche Geschichte hinter sich. Sie war schon im ersten Jahrtausend ein bedeutendes Zentrum der Mon. Moulmein war Sitz der britischen Kolonialverwaltung und ist heute noch ein wichtiger Verkehrsknotenpunkt und Warenumschlagplatz. Als Hochseehafen hat sie allerdings an Bedeutung verloren.

Von der Kyaikthanlan-Pagode hat man einen

The fishing boats with their bright colours

I fly from He Ho on Inle Lake to Yangon, casting one final look at the water below. From there the journey proceeds by car to Moulmein (Mawlamyaing), a tropical town. George Orwell was stationed here in 1920, serving with the Indian police. Coming by car from Yangon, the traveller first of all reaches the port city Mottama. From there, we cross the Thanlwin (Salween) River on a ferry that also carries elephants, and so on to Moulmein.

Moulmein (Mawlamyaing) is Burma's fourth-largest city. It has a long and eventful history. In the first millennium it was already an important centre of the Mon. Moulmein was the seat of the British colonial administration and is still today an important transport junction and trading centre. It has lost its importance as an international port, however. From the Kyaikthanlan Pagoda, there's a very fine view of the city and harbour.

Zurück vom Fischen. Die Mühe scheint sich gelohnt zu haben, alle werden satt. Vielleicht ist noch ein Geschäft mit dem Fang zu machen.

Back from fishing. It seems the effort was worthwhile, everybody is fed. Perhaps some money can still be made from the catch.

Letzte Ruheminuten, bevor für sie die Arbeit los geht. Die Fähre auf dem Thanlwin-Fluss transportiert nicht nur Menschen und Güter. Auch Elefanten werden zu ihrem Arbeitseinsatz gebracht.

Final moments of relaxation before work begins. The ferry on the Thanlwin River doesn't only transport people and goods. It also brings elephants to their place of work.

Aneinandergebundene Flöße. Sie ergeben eine große Transportfläche. Geeignet für Möbel und sperrige Güter.

Rafts tied together. They provide a large transport surface. Suitable for furniture and bulky goods.

Der Weg zur Arbeit ist nicht weit. Fischerhütten an einem Seitenarm des Thanlwin-Flusses.

The way to work isn't far. Fishermen's huts on a tributary of the Thanlwin River.

Reicher Schmuck und Schnitzereien außen und innen. Verzierte Schreine und Truhen erinnern an den Reichtum vergangener Zeiten.
Rich gem decoration and carving. The ornate shrines and chests recall the wealth of earlier times.

Das Seidon-Mibaya-Kloster. Ein Holzkloster benannt nach der Frau des Königs Mindon. Ihr Rückzugsort nach dem Tod des Königs.

The Seidon Mibaya monastery. A timber-built monastery named after the wife of King Mindon. She retired here after the king's death.

In Handarbeit wird der kostbare Milchsaft gewonnen. Einfach und genial – das Färbesystem bei der Gummiherstellung. Die bunten Gummistangen trocknen schnell in der heißen Sonne. Dann kommen sie zur Weiterverarbeitung.

The valuable sap is obtained by hand. Simple but ingenious – the dying process in rubber production. The colourful strips of rubber dry quickly in the hot sun. Then they go for further processing.

einzigartigen Blick über die Stadt und den Hafen. Von Moulmein sind wir, meine Dolmetscherin Kyn Kyn und ich, mit einem kleinen Boot auf die winzigen Inseln übergesetzt. Wegen des Wellengangs hatte sie Angst, dass das Boot untergehen könnte. Aber es passierte nichts. Auf den Inseln werden Gummiringe hergestellt. Kautschuk ist das Hauptprodukt, das hier vermarktet wird.

Together with my interpreter Kyu Kyu I cross to the small offshore islands in a small boat. She is afraid that the high seas will sink our boat. But that doesn't happen. Rubber insulation rings are produced on the island. Rubber is the chief product traded here.

Jetzt übernehmen größtenteils Maschinen die Arbeit. Am Ende der Produktionskette steht das fertige Produkt – viele bunte Gummiringe, die in alle Welt verschickt werden.

Now machines take over most of the work. At the end of the production chain is the finished product – many colourful rubber rings, which are exported all over the world.

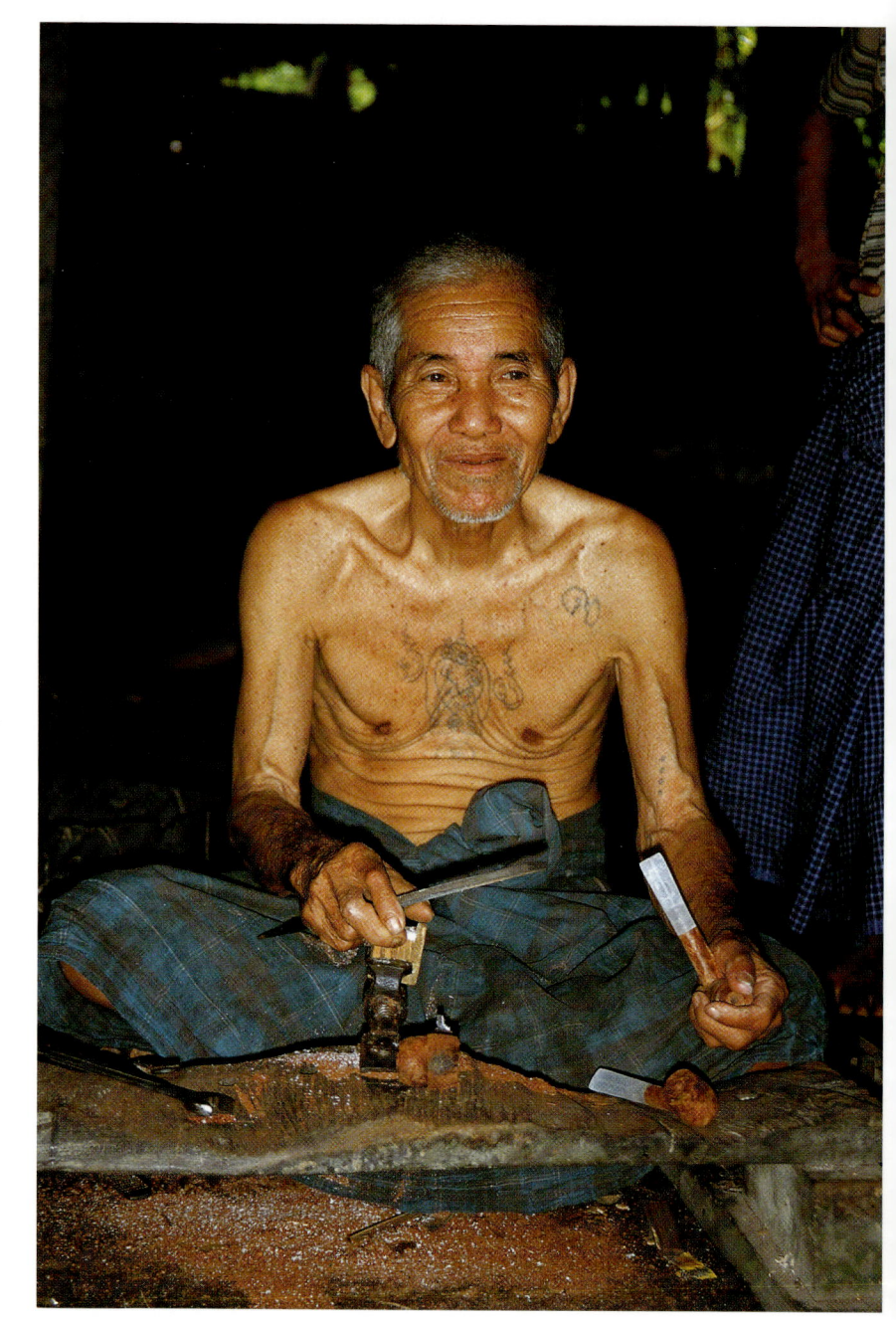

Pfeifen. Geraucht wird viel in Burma.
Da möchte fast jeder Mann seine Pfeife haben.
Hergestellt in Handarbeit. Lauter Unikate.

*Pipes. Pipes are smoked everywhere in Burma.
Just about every man treasures his pipe.
They are hand-made. Each one unique.*

Mit einer Fähre geht es weiter nach Kalwe. Das dauert etwa eine halbe Stunde. Unterwegs begegnen uns Fischerboote mit Fahnen. In Kalwe angekommen, nehmen wir eine Pferdekutsche nach Ywaleit, ein Ort, der bekannt ist für die Herstellung von Spazierstöcken und Pfeifen.

We carry on by ferry to Kalwe. The journey lasts half an hour. En route we meet fishing boats bedecked with flags. In Kalwe, we take a horse-drawn carriage to Ywaleit, renowned for producing walking sticks and pipes.

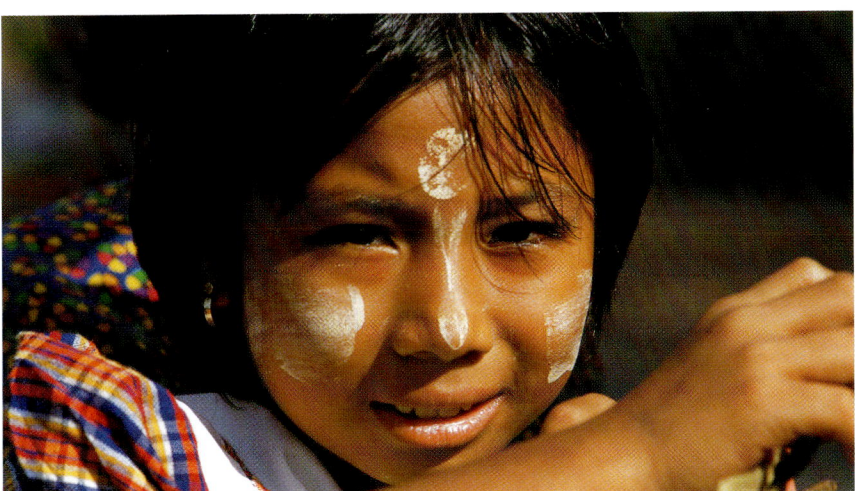

Ein buntes Durcheinander – so scheint es. Doch selbst in den kleinsten Häfen findet jedes Boot noch seinen Platz.

A colourful chaos – that's how it looks. But even in the smallest harbour every boat finds its jetty.

Gemeinsames Vergnügen, aber auch Lehrzeit. Die Frauen müssen sehr oft für den Lebensunterhalt der Familie sorgen.
Common pleasure, but also instruction. The women must very often care for the welfare of the family.

Moderne Zeiten in Moulmein – ein Mini-Supermarkt mit großem Warenangebot.
Modern times in Moulmein – a mini-supermarket with a large stock of goods.

Pagoden dürfen in einer Stadt nicht fehlen. Doch nicht immer wird die Geschichte und Bedeutung des Bauwerks dem Besucher klar.
There's no city without its pagodas. Not always, however, is the history and meaning of the structure clear to the visitor.

Von Moulmein (Mawlamyaing) fahren wir mit dem Jeep nach Dawei (Tavoy) im Tanintharyi-Staat. Dieser Staat ist noch immer für Touristen schwer zugänglich. Vielleicht ist das ein Glück, denn mit seinen Hunderten von Inseln, den wunderschönen Sandstränden und Tauchgründen könnte es schnell zu einem Ferienparadies ausgebaut werden, mit allen möglichen Vor- und Nachteilen.

Wir jedoch genießen die kleine, verträumte Stadt Dawei (Tavoy). Beeindruckend sind die zweistöckigen Häuser im Kolonialstil. Dawei (Tavoy) ist eine sehr grüne Stadt. Die Einwohner leben vom Fischfang, auch getrockneten Fischen, und von den Kautschuk-Plantagen. Sehenswert ist auf jeden Fall der Theinwa Kyaung, ein Tempel, der aufgrund seiner Größe „großes Kloster" genannt wird. Einen Ausflug lohnt auch der am Felsen liegende Buddha mit einer Länge von 74 und einer Höhe von 21 Metern.

From Moulmein we drive by jeep to Dawei (Tavoy) in Tanintharyi State. This State is still difficult for tourists to reach. Perhaps that's just as well, because its hundreds of islands, wonderful beaches and diving areas could lead to its development into a holiday paradise, with all the accompanying advantages and disadvantages.

For our part, we enjoy the small, sleepy town Dawei (Tavoy). The two-storey houses in colonial style are impressive. Dawei (Tavoy) is a very green town. The inhabitants live from fishing, also from dried fish, and from rubber plantations. Particularly worth seeing is Theinwa Kyaung, a temple which, because of its size, is known as the "great monastery." A visit is also recommended to a sleeping Buddha, located on a rock and 74 metres long and 21 metres high.

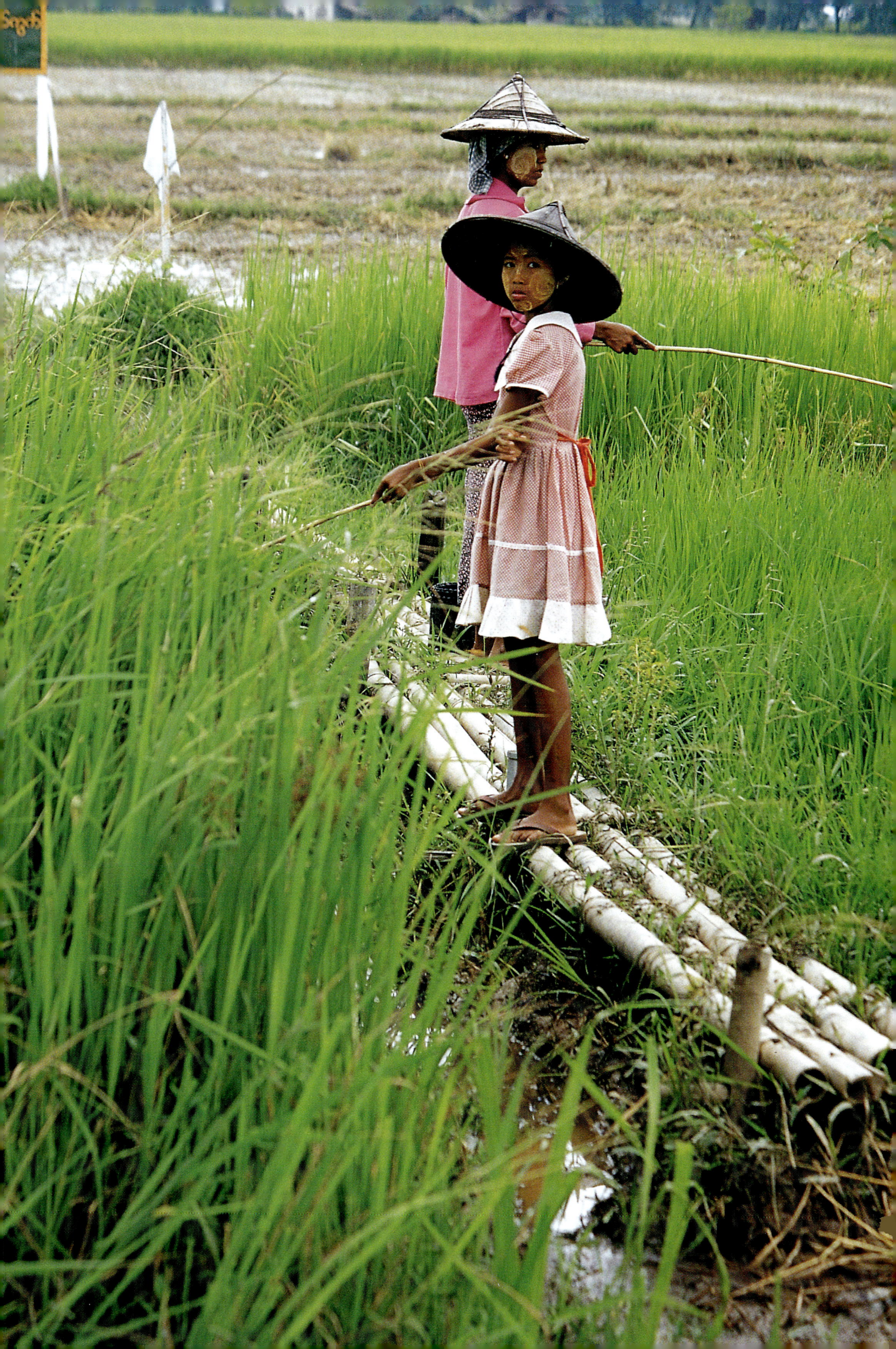

Die Hafeneinfahrt. Pagoden bieten dem Händler und Reisenden ein friedvolles Willkommen.

The harbour entrance. Pagodas offer a peaceful welcome to traders and travellers.

Eine zentrale Bushaltestelle. Sind die Busse voll, wird los
gefahren. Leere Fahrten gibt es nicht.
*A central bus stop. The buses only leave when they're full.
None departs empty.*

Knoblauch – auch hier eine beliebte Zutat zum Essen.
Handverlesen kommt er auf den Markt.
*Garlic – also here it's a favourite ingredient in food. It arrives
at the market hand-sorted.*

Am frühen Morgen mieten wir ein Boot und fahren nach Maungmagan, um den Fischmarkt zu besuchen. Eine weitere traumhafte Insel mit wunderschönen leeren Sandstränden. Die Fischversteigerungen haben schon früh begonnen. Die Händler verkaufen die frische Ware hauptsächlich nach Yangon.

Early in the morning, we hire a boat and make our way to Maungmagan, to visit the fish market there. It's another lovely island with beautiful, empty beaches. The fish market auctions have already begun very early. The traders sell their fresh fish mostly to Yangon.

Boote über Boote – das typische Hafengefühl. Woher mögen sie gekommen sein, wohin wird ihre Fahrt sie führen?

Boat upon boat – the typical harbour atmosphere. Where can they have come from, where can they be going?

Auf dem Weg zum Markt. Die Ware muss verkauft werden. Auch hier ist die Konkurrenz groß.

On the way to market. The wares must be sold. Here, too, competition is keen.

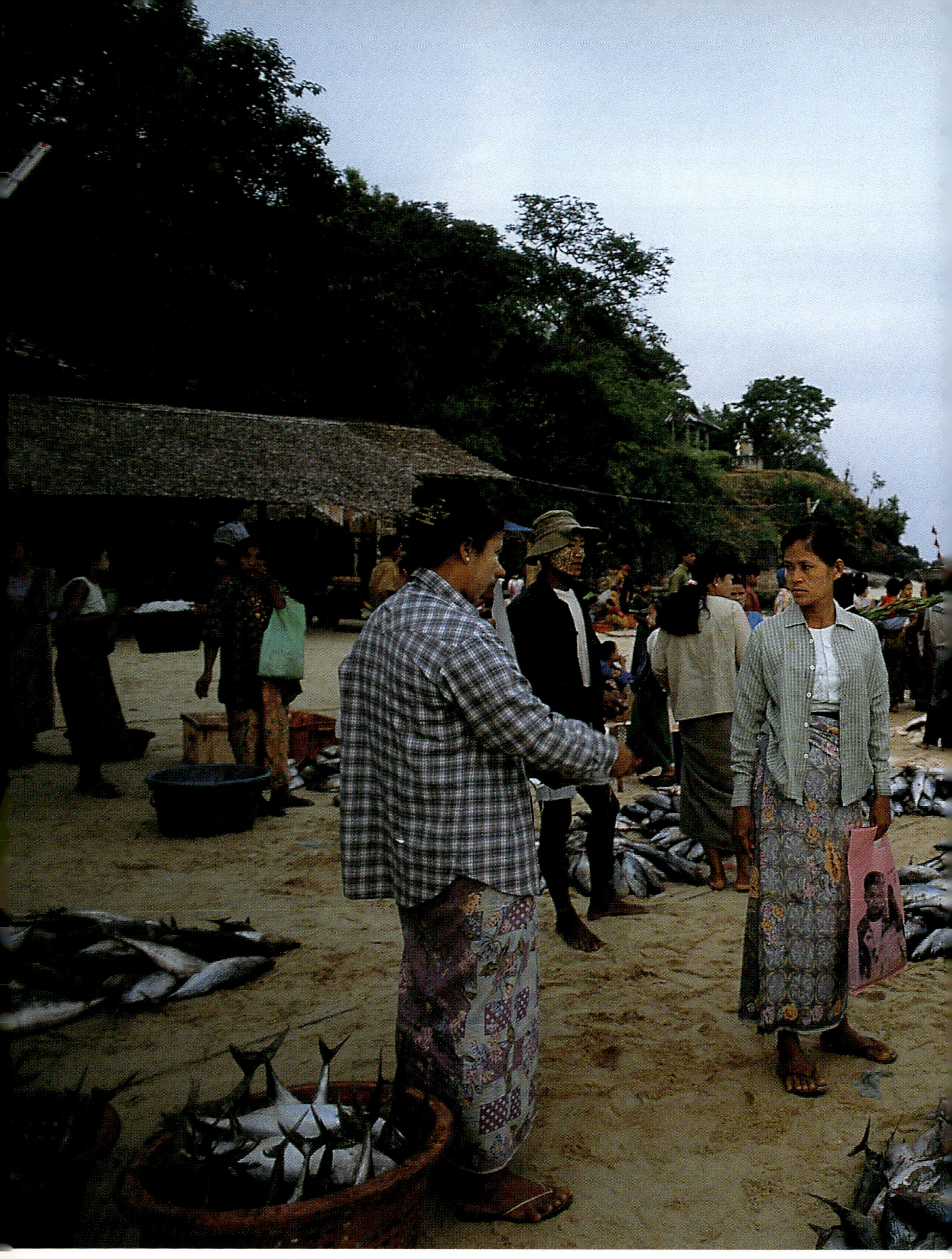

Die Erträge des letzten Fangs. Angebot und Nachfrage
bestimmen den Preis. Frische Fische. Wer die Wahl hat ...

*The result of the last catch. Supply and demand determine
the price. Fresh fish. The choice is big ...*

Nach dem Kauf wird das Tuch gebunden, damit die Ware auf dem Kopf sicher nach Hause gebracht werden kann.
The deal is sealed. Now the cloth has to be tied so the wares can be carried safely home.

Ein Prachtexemplar. Der Rochen reicht für die ganze Familie. Wer möchte da nicht Gast sein?
A fine specimen. The ray is big enough for the whole family. Who would refuse an invitation to this feast?

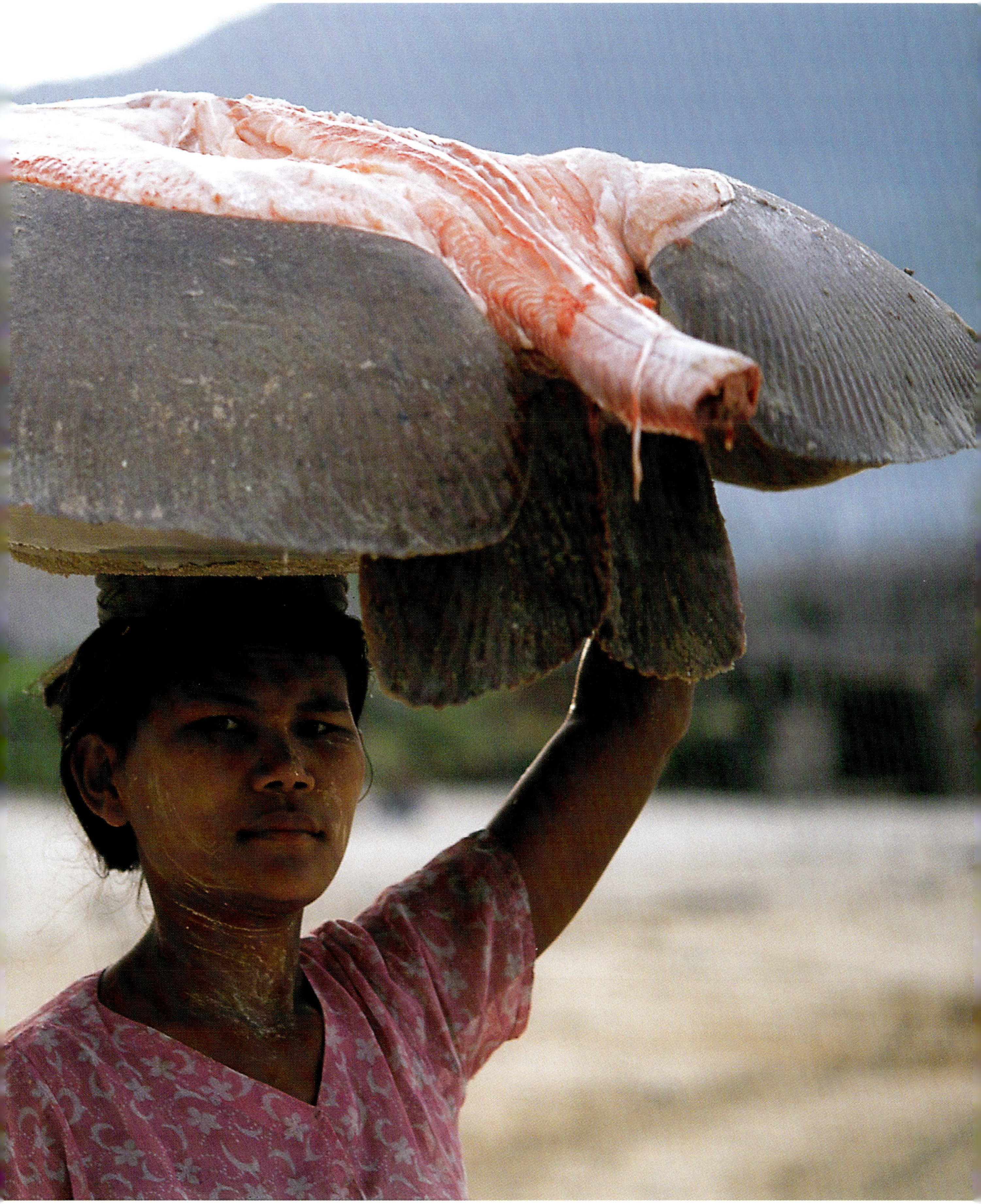

Orchideen sind allgegenwärtig. Liebevoll gepflegt zieren sie viele Wohnhäuser der Stadt.

Orchids are everywhere. Lovingly tended, they adorn many of the town's homes.

Von Dawei nehmen wir ein Speedboat nach Myeik an der Tanintharyi-Küste. Der Staat grenzt im Osten direkt an Thailand. Im Westen ist das Meer und der Mergui-Archipel mit seinen ungezählten vorgelagerten pittoresken Inseln. Ein absolutes Tauchparadies, wo auch noch die Korallenriffe in Ordnung sind. Von Myeik aus machen wir uns auf den letzten Teil meiner Burmareise, wieder mit dem Speedboat. Ganz nach unten in den Süden, nach Kawthoung. Die Stadt ist nur durch die Mündung des Pakchan-Flusses vom thailändischen Grenzort Ranong getrennt. Der kleine Hafen treibt regen Handel mit Thailand. Nester von Seeschwalben sind ein begehrtes Exportgut.

From Dawei we travel by speedboat to Myeik on the Tanintharyi coast. The state borders in the east directly on Thailand. To the west is the sea and the Mergui Archipelago, with its innumerable picturesque islands. A diver's true paradise, where the coral reefs are still intact.

From Myeik we set out on the last stage of my Burma journey, again by speedboat. To the far south, to Kawthaung. The town is separated from the Thai border town Ranong only by the estuary of the Pakchan River. The small port does a lively trade with Thailand. The nests of sea swallows are a prized export.

Wassereis mit Sirup – eine willkommene Erfrischung.
Water ice with syrup – a welcome refreshment.

Die Einkäufe sind getätigt. Nach Hause zur Zubereitung des Essens. Aber die Burmesen warten geduldig auf die Fähre. Zeit ist relativ.

The shopping has been done. Now it's towards home to prepare the evening meal. But the Burmese wait patiently for the ferry. Time is relative.

Lotus – die Blume Asiens. Gleich wird die junge Verkäuferin niederknien, um der Kundin Gelegenheit zu bieten, sich die schönsten auszusuchen.

Lotus – the flower of Asia. The young saleswoman is about to kneel down and allow the customer to seek out the finest.

Ein fest gebundenes Tuch dient als Unterlage und Schutz beim Transport schwerer Körbe. Und hilft, das Gleichgewicht zu halten.

A tightly bound cloth serves as a protective base when carrying heavily laden baskets. And it also helps maintain stability.

Stolze, gerade Haltung – die bekommt man, wenn man Lasten auf dem Kopf balancieren muss.

Proud, upright bearing – it comes from balancing burdens on the head.

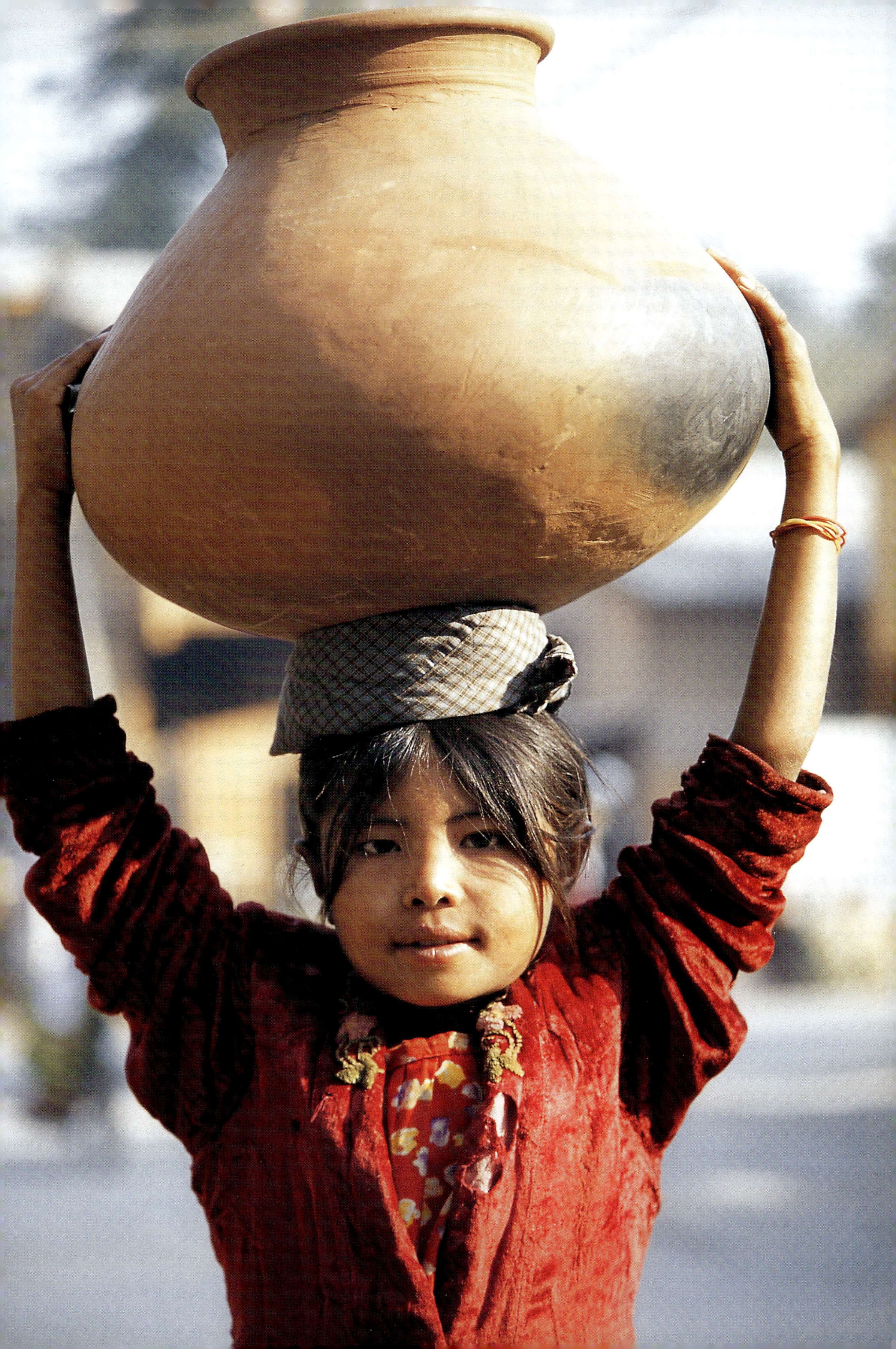

Das Zentrum von Kawthoung. Stabile, gediegene Häuser prägen das Stadtbild.

The centre of Kawthoung. Solid, stylish houses stamp the image of the city.

Am südlichsten Ende des Hafens, am Bayinnaung Point, steht eine Statue des gleichnamigen Königs. Das Schwert des Herrschers ist gegen Thailand gerichtet. Wahrlich kein Willkommensgruß. Es ist aber auch ein Symbol für die einstige Stärke Burmas, das unter König Bayinnaung im 16. Jahrhundert seine größte Ausdehnung erreichte. Wir lassen uns mit dem Boot nach Salon-Island bringen, das auch Sea-Gypsy-Island genannt wird. Wir wollen am Strand mittagessen, landen auch gut an, müssen aber nach unserem Mittagsmahl zu unserem Schrecken feststellen, dass mittlerweile Ebbe ist und unser Boot gestrandet. Wir bekommen es alleine nicht flott, weil wir es zu nah am Festland geankert haben. Doch wie so oft in Burma kann uns auch hier das Militär helfen, unser Boot wieder ins fahrbare Wasser zu bringen. Ein bisschen Aufregung zum Schluss, aber die Schönheit des Meeres und der Inseln im Archipel lässt uns das alles schnell wieder vergessen.

At the southern end of the harbour, at Bayinnaung Point, there stands a statue of the eponymous king, his sword directed towards Thailand. Certainly no sign of welcome. It is, however, a symbol of the former power of Burma, which attained its greatest territorial extent in the 16th century under King Bayinnaung. The boat brings us to Salon island, also named Sea-Gypsy Island. We want to eat lunch on the beach, make a good landing, but then realize to our dismay after our meal that the tide has gone out and our boat is stranded. We fail to get it afloat ourselves because we're anchored too close to the mainland. But, as so often in Burma, the military comes here to our aid and helps us get the boat into the water. A little excitement at the end of our journey, but all is rapidly forgotten in the beauty of the sea and the islands of the archipelago.

Zuckerrohr – eine weitere Erwerbsquelle Burmas.
Nicht nur Frauen teilen sich die Arbeit und Mühe bei Anbau und Verwertung der Pflanze.

*Sugar cane – another of Burma's sources of income.
Not only women share the labour of planting and processing the plants.*

Eis – der Kinder Lieblingserfrischung. Süß und mit Sirup aromatisiert. So mögen es die Kleinen.

Ice-cream – the children's favourite refreshment. Sweet and flavoured with syrup. That's how the little ones like it.

Seezigeuner. Sie lieben die Freiheit – auch wenn sie in relativer Armut auf ihren Hausbooten leben müssen.

Sea gypsies. They love freedom, even when they have to live in relative poverty on their houseboats.

Die Arbeit der Fischer endet nie. Reparaturen müssen vorgenommen und Vorbereitungen für die nächste Ausfahrt getroffen werden.

The work of the fishermen never ends. After the catch is brought in, the nets have to be repaired and preparations made for the next voyage.

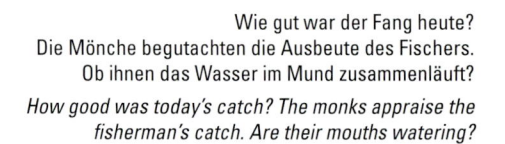

Wie gut war der Fang heute? Die Mönche begutachten die Ausbeute des Fischers. Ob ihnen das Wasser im Mund zusammenläuft?

How good was today's catch? The monks appraise the fisherman's catch. Are their mouths watering?

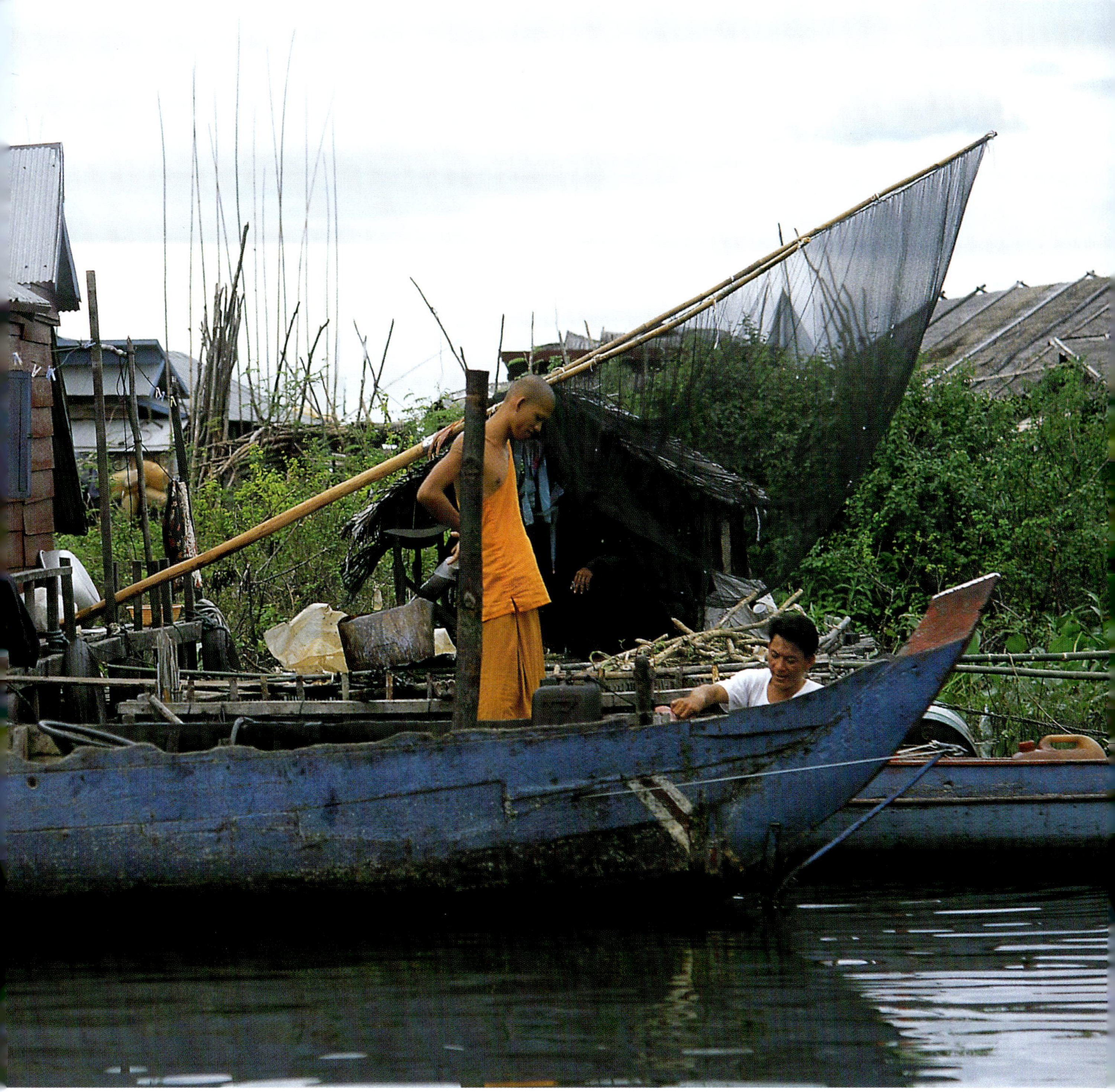

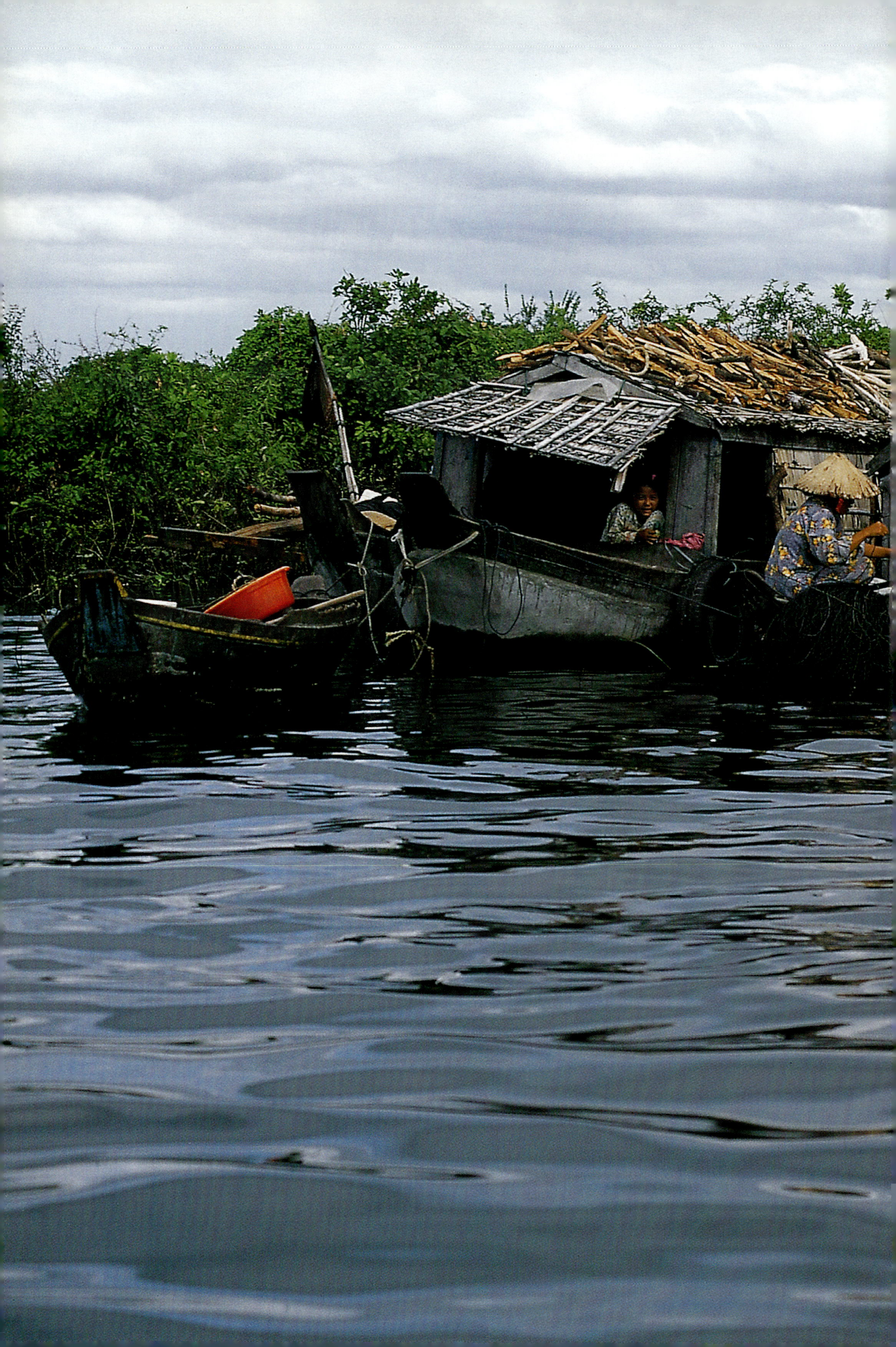